오늘 기분이 어떻든 습관대로 산다

오늘 기분이 어떻든 습관대로 산다

신동석 · 황상열 · 김미옥

마음세상

01 습관은 훈련보다 먼저 시작된다 (신동석)

02 습관이 글을 만든다 (황상열)

03 남편과 아이가 사라지면 연필을 들었다 (김미옥)

01

습관은 훈련보다 먼저 시작된다

신동석 작가

나는 개를 훈련시키며 살지만, 사실은 나 자신을 먼저 훈련시켜야 한다

나는 애견훈련사로서 20년 넘는 시간을 살아왔다. 개를 가르치는 일이 내 직업이고, 매일같이 수많은 반려견들과 그들의 보호자들을 만난다. 사람들은 늘 나에게 "어떻게 하면 개를 잘 가르칠 수 있을까요?"라고 묻지만, 나는 그보다 먼저 꼭 해주고 싶은 말이 있다. 개보다 먼저 가르쳐야 할 존재는 바로 '나 자신'이라는 것이다. 개를 훈련시키는 기술보다 더 중요한 건 내 마음을 훈련하는 일이다. 나는 그걸 하루하루 온몸으로 배워왔다.

훈련사의 삶은 생각보다 단순하고도 반복적이다. 새벽에 일어나 개들의 건강을 체크하고, 한 마리 한 마리와 시간을 보낸다. 때로는 입질이 심한 개와 씨름하고, 때로는 겁이 많아 한 발자국도 못 움직이는 개를 천천히, 오랫동안 기다려야 한다. 그럴 때마다 느끼는 건, 결국 이 일이란 게 감정과 인내의 싸움이라는 것이다. 기술도, 지식도, 자격증도 중요하지만, 끝내 나를 이끌어준 건 매일 반복하는 작은 습관들이었다.

나는 하루에 몇 번씩 내 안의 조급함과 싸운다. 훈련이 예상대로 되지 않을 때, 보호자가 내 말을 제대로 따르지 않을 때, 개가 갑자기 흥분해서 달려들 때 등 수많은 감정이 나를 흔든다. 그런데 그럴수록 나는 마음을 더 단단히 붙잡아야 한다. 내 안의 습관이 튼튼하지 않으면, 그 순간 내가 무너진다. 개는 보호자의 감정을 그대로 받아들이는 존재다. 내가 흔들리면, 개도 흔들린다. 그래서 나는 매일 아침 거울을 보며 내 마음의 줄을 조인다.

"오늘도 평정심을 지켜야 한다."

"오늘도 말투를 부드럽게 유지해야 한다."

"오늘도 기다릴 수 있어야 한다."

이건 마치 출근 전에 마음의 워밍업을 하는 것과 같다. 그 반복이 나를 훈련 시키고, 결국 개와의 관계를 바꾼다. 사람들은 종종 말한다.

"선생님은 성격이 참 차분하시네요."

하지만 나도 원래부터 이런 사람이 아니었다. 나도 성격이 급하고, 쉽게 짜증도 내던 사람이었다. 다만 이 일을 오래 하다 보니, 그걸 바꾸지 않으면 훈련이 될 수 없다는 걸 깨달았을 뿐이다.

개는 나의 조급함을 거울처럼 비춘다. 내가 들뜬 상태에서 "앉아." 라고 말하면, 개는 더 흥분하고 집중하지 못한다. 내가 차분하게 시선을 맞추고 말할 때에야 개도 마음을 내준다. 그래서 나는 개에게 명령을 하기 전에, 먼저 내 마음에 명령을 한다.

"조용히, 천천히, 꾸준히."

훈련이란 결국 나를 다스리는 일에서 시작된다는 걸 이제는 누구보다 잘 안다. 가끔은 하루가 너무 힘들게 느껴질때도 있다. 똑같은 말을 수십 번 반복하고, 같은 행동을 여러 번 시켜도 제대로 되지 않을 때, "나는 왜 이 일을 계속하고 있지?"라는 생각이 들 때도 있다. 하지만 그럴 때마다 나는 나의 작은 습관들을 떠올린다.

커피 한 잔을 꼭 마시고 시작하는 아침, 개와 눈을 맞출 때 나도 모르게 미소 짓는 표정, 칭찬을 아끼지 않고 건네는 내 목소리. 이 모든 것이 쌓여 나를 만든다. 훈련사는 거창한 전략보다 작은 습관 하나로 버틴다. 그리고 그 습관이 쌓이면, 어느 날 내가 생각지도 못한 큰 변화를 만든다.

이제 나는 안다. 나를 훈련시키지 않으면, 어떤 개도 제대로 훈련시킬 수 없다는 걸. 내 마음이 먼저 안정되고 반복의 힘을 믿어야, 개도 나를 따라올 수 있다. 훈련은 결국 관계의 기술이고, 그 관계는 내가 매일 쌓아가는 습관에서 비롯된다. 개를 훈련시키는 것이 아니라, 매일의 습관이 나를 훈련시키는 것이다. 그러니까 이 글을 읽는 당신이 혹시 삶이 버겁고 변화가 필요하다고 느낀다면, 거창한 계획부터 세우기 전에 이렇게 말해보자.

"오늘 하루, 내가 먼저 달라져야 한다."

그것이면 충분하다. 변화는 아주 작은 습관 하나에서 시작된다.

훈련사라는 일은 감정과 인내의 끈을 매일 새로 묶는 일이다

훈련사의 하루는 특별한 일이 없어 보인다. 아침에 출근해서 견사 안을 정리하고, 대소변을 치우면서 밤새 개들의 컨디션을 살핀 뒤 훈련을 시작한다. 하루에도 수십 번 '앉아', '기다려', '이리 와'를 반복하고, 잘했을 땐 칭찬하고, 잘 되지 않으면 다시 시도한다. 누가 보면 단순한 일처럼 보일지 모르지만, 사실 이 단순한 반복이 가장 어렵다. 매일 같은 일을 반복하면서도 같은 마음을 유지하는 건 결코 쉬운 일이 아니다. 특히, 개가 원하는 대로 따라오지 않을 때, 보호자가 조급해하며 내게 따져 물을 때, 나 스스로도 흔들릴 때가 많다. 그래서 훈련사는 매일 아침 자신과의 감정부터 훈련해야 한다.

감정을 다스리는 일은 매일 새로 시작된다. 나는 훈련사라는 직업이 '감정과 인내의 끈을 다시 묶는 일'이라는 말을 자주 한다. 아무리 오랫동안 훈련해온 베테랑이라도 오늘 훈련이 어제와 똑같이 되리라는 보장은 없다. 어제는 "앉아." 한 마디에 잘 따르던 개가 오늘은 고개조차 돌리지 않을 수도 있고, 며칠 동안 진전이 없던 훈련이 어느 날 갑자기 반짝 성공할 수도 있다. 그 사이에서 가장 흔들리는 존재는 사실 개도 보호자도 아니라, 바로 나 자신이다.

"왜 어제는 잘됐는데 오늘은 안 될까?"

"왜 저 보호자는 같은 실수를 또 할까?"

이런 생각들이 밀려올 때마다, 나는 감정을 다스리는 법을 다시 배우게 된다.

'조급함'이라는 감정은 훈련사에게 있어 가장 위험한 적이다. 그 감정이 내 말투에 묻어나는 순간, 개는 눈치를 보고, 보호자는 위축된다. 분위기는 흐려지고, 훈련은 흐트러진다. 나는 이 직업을 하며 매일같이 감정을 통제하는 연습을 한다. 평온한 얼굴, 차분한 목소리, 예측 가능한 리액션.

훈련사는 언제나 중심을 잡고 있어야 한다. 감정을 컨트롤하지 못하는 훈련사는 언젠가 훈련도 잃는다. 특히 예민하거나 겁이 많은 개들은 사람의 감정에 아주 민감하다. 내가 긴장하면 개도 긴장하고, 내가 짜증을 내면 개는 더 방어적으로 바뀐다. 그래서 나는 훈련을 시작하기 전에 꼭 마음속으로 말한다. "오늘도 나는 중심을 잡는다. 감정은 내 도구가 아니라 내가 다스려야 할 것." 이건 누가 시켜서가 아니라, 내가 살아남기 위해 스스로 터득한 생존 방법이다.

가끔 보호자들이 말한다.

"선생님은 참 인내심이 많으시네요."

그럴 땐 웃으며 말해준다.

"이건 인내심이 아니라 제 삶이고 훈련이에요."

사실 나도 처음엔 인내심이 없었다. 훈련이 잘 안 풀리면 안절부절 못했고, 보호자가 신뢰하지 않으면 속이 끓기도 했다. 하지만 그런 감정에 휘둘릴수록 상황은 더 나빠졌다. 그래서 어느 순간부터 감정을 통제하는 나만의 '루틴'을 만들었다. 말의 속도를 천천히 하고, 숨을 크게 쉬고, 말수를 줄이고, 몸의 긴장을 풀기 위해 스트레칭을 하고. 이런 작은 행동들이 모여 감정을 다스리게 되었다. 감정을 억누르는 게 아니라, 감정을 느끼되 흘려보내는 법. 그게 훈련사의 가장 중요한 습관이 되었다.

개는 사람보다 훨씬 솔직하다. 그래서 훈련사의 진짜 감정을 그대로 읽는다. 내가 불안하면 개는 경계하고, 내가 짜증을 내면 개는 움츠러든다. 반대로 내가 평온하면, 개는 나를 믿고 다가온다. 그래서 훈련사는 기술자가 아니라 감정의 전문가가 되어야 한다. 감정을 훈련할 수 있는 사람만이 개를 훈련할 수 있다. 이건 개뿐 아니라 사람과의 관계도 마찬가지다. 나의 감정 습관이 결국 나의 인간관계를 만들고, 나의 삶 전체를 바꾼다는 걸 나는 이 일을 통해 깨달았다.

훈련사라는 직업은 화려하지 않다. 오히려 무던하고, 묵묵하고, 아주 조용한 싸움이다. 그 싸움의 상대는 개도, 보호자도 아니다. 매일 아침 눈을 뜨고 마주하는 나 자신이다. 오늘도 또 같은 실수에 감정이 흔들릴 것인지, 아니면 어제보다 한 걸음 나아갈 것인지. 그 선택의 순간마다 나는 감정의 끈을 다시 묶는다. 그것이 훈련사의 첫 번째 훈련이자, 평생의 숙제일 것이다.

하루 10분이 나를 버티게 해줬다
– 거창한 계획보다 반복의 힘

　사람들은 무언가를 이루고 싶을 때 항상 거창한 계획부터 세운다. 올해는 꼭 성공해야지, 이번엔 확실히 바꿔야지, 작심삼일이 되지 않도록, 이번엔 진짜 제대로 해봐야지. 하지만 내가 살아온 시간과 훈련사의 길을 돌아보면, 거창한 다짐이 나를 바꾼 적은 거의 없다. 오히려 나를 버티게 해준 건 아주 사소한 습관, 매일 10분씩 반복한 행동, 아무도 보지 않는 조용한 연습이었다. 훈련이라는 건 결국 작은 루틴의 싸움이었고, 나는 그 작은 싸움에서 조금씩 강해졌다.

　훈련사라는 직업은 늘 결과로 평가받는다.

"이 개가 얼마나 변했는가."

"얼마나 빠르게 훈련 효과가 나타났는가."

"대회에서의 성적은 몇 등인가."

그런데 그 화려한 결과의 뒤편에는 반복의 시간이 있다. 아침 일찍 훈련장을 열고, 같은 말을 반복하고, 같은 자세로 기다리고, 같은 장소를 수없이 걷는다. 그 누구도 그 시간을 대신해주지 않는다. 개도, 보호자도, 누구도 나를 대신해 훈련하지 못한다. 하루 10분이든 20분이든, 내가 직접 마주해야 하는 시간이다. 그 시간이 쌓여 어느 날 개가 달라지고, 보호자가 감동하고, 나도 뿌듯해진다. 하지만 거기까지 오는 길은 언제나 '지겹도록 똑같은 하루들'이었다.

나는 나 자신을 특별히 의지가 강한 사람이라고 생각해본 적이 없다. 다만 내가 꾸준히 해온 건 있다. 매일 같은 시간에 훈련장을 열고, 같은 노트를 펼치고, 같은 방식으로 개들을 만나고, 훈련 내용을 기록하고 복기했다. 딱히 대단한 열정이 있어서가 아니라, 안 하면 찝찝했기 때문이다. 내 하루를 버티게 해준 건 '하기 싫을 때도 하게 만드는 책임감이라는 이름에 작은 습관들'이었다. 누군가는 "그 정도면 엄청난 의지 아니에요?"라고 말하지만, 나는 오히려 거꾸로라고 생각한다. '의지로 버티는 것은 오래가지 못한다.' 습관이 되지 않으면, 결국 포기하게 된다.

처음 훈련을 시작한 시절이 떠오른다. 당시엔 큰 목표도 많고, 이 개는 이렇게 바꿔야겠다, 저 개는 꼭 대회에 출전시키겠다며 머릿속엔 계획이 가득했다. 그런데 이상하게도 계획이 많을수록 조급하고,

결과가 나오지 않으면 스스로에게 실망하고, 때로는 훈련 자체가 버거워졌다. 그러다 어느 날 문득, 계획을 내려놓고 '그냥 오늘 하루 지금 몇 분만 집중해서 해보자.'라고 마음먹었을 때부터 훈련이 달라지기 시작했다. 개와의 호흡도, 내 감정도, 결과도 조금씩 편안해졌다. 하루하루 10분씩, 그렇게 쌓인 시간이 결국 몇 년이 되고, 나를 지금 이 자리에 있게 만들었다. 보호자들에게도 종종 말한다.

"하루 10분만 훈련해주세요."

그러면 대부분 웃으며 대답한다.

"에이, 10분 가지고 뭘 해요."

그럴 때마다 나는 다시 말한다.

"매일 10분이요. 오늘 10분, 내일 10분. 그러면 한 달 후, 분명 달라질 거예요." 10분이라는 시간은 훈련을 시작하는 데 필요한 최소한의 에너지다. 작게 시작하면 부담도 덜하고, 실패해도 쉽게 다시 일어설 수 있다. 그게 반복되면 어느새 몸이 기억하게 되고, 개도 습관처럼 반응하게 된다.

결국 훈련이란 건 '기억하고 싶은 리듬'을 만드는 일이다. 그 리듬은 큰 결심이 아니라, 사소한 반복에서 시작된다. 나에게 '하루 10분'은 단순한 시간이 아니다. 그것은 내가 무너지지 않기 위한 리듬이었고, 내 감정을 다스리는 숨구멍이었으며, 다시 내일을 버틸 수 있게 해주는 작은 기둥이었다. 어떤 날은 그 10분이 너무도 지루하게 느껴져 힘들었고, 또 어떤 날은 그 10분 덕분에 하루를 견뎠다.

　인생은 멋진 변화가 아니라, 반복되는 평범함 속에서 조금씩 쌓인다. 그리고 그 반복을 끝까지 놓지 않는 사람이 결국 변화를 만든다. 지금 이 글을 쓰는 이 순간에도 나는 어딘가에서 개를 기다리고, 훈련을 반복하고, 보호자와 이야기를 나누고 있을 것이다. 그리고 하루 10분이 다시 시작될 것이다. 누구에게나 주어진 그 작은 시간 안에서, 오늘도 나는 나를 다시 훈련하고, 또 한 번 나의 습관을 단단하게 만들 것이라 믿어 의심치 않는다.

감정은 훈련보다 더 어렵다
– 말투 하나가 바꾼 하루

누군가에게는 감정이 훈련의 가장 큰 적일 수 있다. 그러나 내게는 감정이야말로 훈련의 핵심이었다. 강아지를 훈련시킬 때, 훈련사는 늘 명확한 지시어와 일관된 태도를 강조한다. 그러나 그 이면에는 반드시 감정이 있다. 말투에 실린 나의 마음, 억양에 담긴 나의 조급함, 표정에 숨기지 못한 실망감.

개는 단어를 이해하는 것이 아니라, 그 단어에 실린 감정을 읽는다. 아무리 "앉아."를 정확히 말해도, 짜증 섞인 말투라면 개는 그 단어보다 나의 감정에 반응한다. 반대로 부드럽고 차분한 말투는 개에게 신뢰와 안정감을 준다. 결국 훈련이란, 기술보다 감정의 리듬을 익히는 일이라는 걸 나는 수년간의 경험을 통해 깨달았다.

훈련 견습생 시절, 나는 나도 모르게 목소리를 높이거나 짜증을 낸 적이 많았다. 특히 하루에 수십 마리의 개를 훈련시키다 보면 내 감정 상태가 곧 훈련의 질을 좌우했다. 감정 조절이 안 되는 날은 실수도 많았고, 개도 나도 서로를 힘들게 했다. 그러던 어느 날, 한 마리의 강아지가 내게 가르침을 줬다. 이름은 '봉봉'이었다. 말티즈였던 봉봉이는 아주 예민했고, 눈치를 많이 봤다. 내가 조금이라도 표정이 굳거나, 손짓이 빨라지면 바로 움츠러들었다. 반대로 내가 천천히 호흡을 내쉬고, 부드러운 목소리로 말하면 금세 자신감을 되찾았다. 그 아이 덕분에 나는 내 감정을 다스리는 것이 훈련의 시작이라는 사실을 배웠다.

말투는 단순한 소리가 아니다. 그것은 나라는 사람의 감정을 전달하는 매개체다. 보호자들에게 훈련을 가르칠 때도 가장 먼저 강조하는 것이 바로 말투다. 어떤 보호자는 똑같이 "앉아."를 말하지만, 그 말이 가지는 무게가 다르다. 한 사람은 애정과 신뢰를 담고 말하고, 다른 사람은 명령과 강압을 담아 말한다. 개는 그런 차이를 귀신같이 느낀다. 내가 개들에게 가르친 건 사실상 명령어가 아니었다. 내가 진짜로 가르친 건, 감정을 조절하며 관계를 만들어가는 방식이었다. 그리고 그 방식은 인간관계에서도 똑같이 적용된다. 감정은 쉽게 바뀌지 않는다. 그렇기에 감정을 조절하는 훈련은 시간이 오래 걸린다. 나도 여전히 연습 중이다. 실망할 때마다, 지칠 때마다, 누군가의 말에 흔들릴 때마다 내 안의 감정을 들여다보고 숨을 고른다. 그리고 다시 훈련장의 문을 연다. 습관처럼 말투를 정돈하고, 표정을 고치고, 눈빛을 부드럽게 만든다. 그것이 나를 위한 훈련이자, 개와의 관계를 위한 준비다. 매일 반복되는 말투 하나가, 결국엔 신뢰를 만들고, 문제행동을 줄이며, 오늘도 개와 나를 바르게 연결해줄 것이다.

감정을 조절한다는 건 억누른다는 뜻이 아니다. 그것은 감정을 읽고, 인정하고, 거기서 내가 선택할 수 있는 방식으로 표현하는 일이다. 나는 내 감정을 숨기려 하지 않는다. 대신 그 감정을 잘 쓰기 위해 애쓴다. 나의 말투는 개에게 말하는 동시에 나 자신에게도 들려준다.

"괜찮아, 우리는 지금 잘하고 있어."

그렇게 감정이 흔들리는 날에도, 그 흔들림을 감싸는 습관이 나를 지탱해준다. 감정도 결국 반복 속에서 익숙해지고, 훈련이 된다. 그리고 그 감정 훈련은 내가 개를 가르치기 위해서가 아니라, 내가 나를 다스리고 내 삶을 잘 살아가기 위해 필요했던 일이었다.

감정도 훈련이 된다
– 말투, 표정, 그리고 반복의 힘

훈련장에서 가장 먼저 배워야 하는 건 명령어가 아니다. 나는 그 사실을 아주 오래전부터 알고 있었다. 아무리 훌륭한 훈련법을 알고 있어도, 그걸 전달하는 보호자의 표정과 말투가 날카롭거나 불안하면 개는 이미 반쯤은 귀를 닫는다. 개는 말의 뜻보다 말하는 방식에 먼저 반응한다. 내가 보호자에게 "앉아는 이렇게 가르치는 겁니다."라고 설명할 때, 진짜 중요한 건 "앉아."라는 단어가 아니라, 그 말을 하는 보호자의 마음가짐, 자세, 시선, 그리고 톤이다. 감정은 목소리를 타고 흐르고, 표정을 통해 전염된다. 훈련이란 결국 '감정을 다루는 기술'에서 시작된다.

예전에 다혈질의 보호자가 있었다. 자신도 모르게 목소리가 높고,

표정이 늘 굳어 있었고, 말투가 짧았다.

"왜 안 해?"

"앉아! 앉으라니까!"라며 감정이 점점 쌓여갔다. 결국 개는 앉지 않았고, 오히려 뒷걸음질치며 눈치를 보기 시작했다. 보호자는 "얘는 고집이 세요."라고 말했지만, 사실 고집을 부린 건 보호자였다. 나는 그에게 말했다.

"훈련은 말이 아니라 태도에서 시작됩니다. 감정부터 훈련하셔야 합니다."

그날 이후, 그는 먼저 본인의 말투를 녹음해 듣고, 거울 앞에서 표정을 점검하며 연습하기 시작했다. 그리고 시간이 흐르면서 개의 반응도 조금씩 달라졌다. 무심하게 던지던 명령어가 따뜻한 요청이 되었고, 강압적인 시선이 기다림으로 바뀌자 개는 놀랍도록 빠르게 반응했다. 감정의 조율이 훈련의 첫 단추였다. 나 또한 훈련사로서 늘 감정을 다스리는 훈련을 하고 있다. 어떤 날은 지치고, 어떤 날은 화가 나고, 또 어떤 날은 너무 많은 기대 때문에 실망하기도 한다. 하지만 그 모든 감정을 누군가에게 쏟아내기보다는, 내 안에서 '반복'으로 녹여내야 한다. 똑같은 말투, 똑같은 표정, 똑같은 자세를 매일같이 반복하며 나는 내 감정을 다듬는다. 그리고 그것이 결국 내가 가르치는 모든 개와 보호자에게 신뢰로 전달된다.

개는 우리의 감정을 속일 수 없다. 말보다 먼저 우리의 마음을 읽는다. 그래서 훈련사에게 가장 먼저 필요한 건 기술보다 감정 훈련이다. 꾸준한 반복은 감정을 무디게 만드는 게 아니라, 감정을 안정시킨다. 루틴은 지루해 보이지만, 그 속에 나의 가장 단단한 감정이 숨 쉬고 있다.

어느 날, 나는 이런 생각을 했다.

"이제 말투를 연습하지 않아도 되겠구나."

그건 내가 변했다는 뜻이 아니라, 내가 반복을 통해 나 자신을 다스리는 데 익숙해졌다는 의미였다. 감정도 훈련된다. 그 훈련이 결국, 개와 사람 모두를 부드럽게 바꾼다.

지루한 반복 속에 피어나는 변화

처음부터 눈에 띄는 변화가 있었던 건 아니다. 개의 훈련도, 사람의 변화도, 그리고 내 삶의 어떤 부분도 단박에 달라졌던 적은 거의 없다. 대단한 성취나 극적인 반전 같은 건 드라마나 영화에서나 가능한 일이었다. 현실은 언제나 지루한 반복의 연속이었고, 그 안에서 아주 미세한 변화들이 천천히 피어났다. 그것들이 쌓이고 쌓여, 어느 날 '성공'이라는 이름으로 조용히 고개를 들었다. 나는 그런 과정이 좋아졌다. 아니, 솔직히 말하면 처음엔 지겨웠다. 매일 아침 같은 시간에 일어나 똑같은 방식으로 훈련장에 나가고, 똑같은 명령어를 반복하고, 똑같은 실수를 되풀이하는 개와 보호자를 마주하는 일이 쉽게 흥미로울 리 없었다. 내 몸이 먼저 그걸 기억해냈고, 때로는 기계처럼 움직이고 있다는 생각도 들었다. '와 정말 답답하네. 이 단순한 반복을 언제까지 이렇게 해야 하지?'라는 회의감도 있었다. 그런데 신기하게도 그 지루한 반복 속에서 이상할 만큼 마음이 편안해지기 시작했다. 결과에 대한 조급함 보다는 하루하루 내가 해온 것에 대한 안정감이 생겼고, 반복이 쌓이자 실력이 되었다. 개의 반응이 달라졌고, 보호자의 말투가 부드러워졌고, 무엇보다 나 자신이 예전보다 훨씬 더 인내심 많은 사람이 되어 있음을 느꼈다.

어느 날, 훈련을 마친 뒤 보호자가 나에게 이렇게 말했다.

"선생님은 늘 똑같은 말투로 말씀하시네요. 어떤 날은 그게 너무 답답했는데, 지금은 그게 제일 위안이 돼요."

그 말이 오래 남았다. 똑같이 반복된다는 건 '변하지 않는다'는 뜻이 아니라, 그 안에 '믿을 수 있다'는 감정이 담긴다는 뜻이었다. 반복은 신뢰를 만든다. 지루한 반복을 견디는 사람만이, 그 속에 담긴 변화를 알아챌 수 있다.

훈련장에서도 마찬가지다. 개가 처음 앉기를 배울 때는, 보호자의 손짓과 간식 타이밍, 말투 하나까지 똑같이 반복해야 한다. 한 번 앉았다고 끝나는 게 아니다. 그 다음 날도, 그 다음 주도 똑같이 반복해야 한다. 그렇게 '앉기'라는 행동은 단순한 반응이 아니라 '습관'이 된다. 나 역시 개를 훈련 시키는 것처럼 나 자신을 반복 속에 훈련 시켰다. 특히 감정은 하루에도 수십 번씩 소용돌이쳤지만, 그 감정을 흘려보내는 가장 좋은 방법은 규칙적인 루틴이었다. 정해진 시간에 일어나고, 신문을 보고, 운동을 하고, 매일 같은 시간에 훈련장으로 향하고, 하루를 정리하며 잠자리에 드는 것. 그 아무것도 아닌 일상 속에 감정을 붙잡아 두는 힘이 있었다. 그래서 나는 믿는다. 지루함은 나쁜 게 아니다. 오히려 변화의 전조다. 반복을 견디지 못하면 변화는 결코 찾아오지 않는다.

매일의 똑같은 말투, 똑같은 산책길, 똑같은 훈련 코스. 그 안에 익숙함이라는 껍질이 생기고, 그 익숙함 속에서 믿음이 자란다. 그리고 그 믿음은 어느 날, 아주 자연스럽게 행동으로 드러난다. 습관은 지루함의 결정체지만, 그 속에서 진짜 실력이 만들어진다. 나는 이제 안다. '지루하다'는 건 '이제 익숙해졌다'는 뜻이고, 그건 변화를 시작할 준비가 되었다는 신호다. 우리는 흔히 뭔가 새로운 걸 원한다. 자극적이고 눈에 띄는 변화, 단시간의 성취. 하지만 진짜 변화는 매일의 평범함 속에 숨어 있다. 개도, 사람도, 결국 반복을 통해 스스로를 훈련시킨다. 누군가는 아직 그 변화를 알아채지 못할 수도 있다. 하지만 나는 안다. 매일 똑같은 자리에 나를 데려다 놓는 그 힘, 아무도 보지 않는 시간에도 묵묵히 해내는 그 반복이, 결국 나를 가장 멀리 데려다 줄 거라는 것을.

바꿔야 할 건 개가 아니라 나였다

"왜 우리 개는 말을 안 들을까요?"

애견 학교에 찾아오는 많은 보호자들이 입을 모아 이렇게 말한다. 처음엔 개의 문제라고 생각한다. 짖고, 물고, 말 안 듣고, 도망가고, 사고를 치는 모든 원인이 개한테 있다고 믿는다. 그래서 훈련을 받기 위해 학교에 온다. 하지만 상담을 하고, 며칠간의 훈련을 진행하고 나면, 나는 꼭 이렇게 되묻는다.

"보호자님은 며칠 동안 어떻게 행동하셨나요?"

대답은 다양하지만 공통점이 있다. 보호자 스스로는 자신이 바뀌어야 한다는 생각을 거의 하지 않는다는 것.

훈련은 개를 바꾸는 일이기도 하지만, 사실 그보다 먼저 바뀌어야 할 대상은 바로 '사람'이다. 특히 보호자의 말투, 반응 속도, 감정 처리 방식, 인내심의 강도는 개의 행동보다 훨씬 중요한 변수로 작용한다. 나는 이런 말을 자주 한다.

"개보다 사람을 먼저 훈련해야 합니다."

실제로 훈련에서 가장 어려운 건 개가 아니라 보호자의 습관을 바꾸는 일이다. 보호자들은 종종 하루 이틀 안에 뭔가 달라지길 기대하지만, 개는 그보다 훨씬 더 섬세하게 사람의 패턴을 관찰하고 기억한다. 말을 부드럽게 한다고 해도 행동이 다르면, 개는 혼란스러워한다.

"오라고 해놓고, 오면 개가 싫어하는 행동을 하나요?"

"좋다고 해놓고, 다음 순간 화내면요?"

개는 보호자의 일관된 패턴을 통해 안정감을 얻고, 그 안에서 배운다. 그렇기에 보호자의 습관이 바로 훈련의 핵심이자 출발점이다.

과거에 진돗개 '진순이'를 훈련시킬 때가 떠오른다. 진순이는 매우 똑똑한 개였지만 보호자 부부는 늘 서로 다른 방식으로 진순이를 대했다. 아내는 엄격하고 일관된 명령을 주었고, 남편은 자주 웃으며 간식으로 모든 상황을 해결하려 했다. 결과는 어땠을까?. 진순이는 늘 갈팡질팡했고, "왜 이렇게 눈치를 보냐?"는 말이 반복됐다. 하지만 그건 진순이의 문제라기보다는 두 보호자의 훈련 방식이 서로 달랐기 때문이었다. 그날 상담이 끝날 무렵, 나는 조심스럽게 이야기했다.

"두 분 중 한 분만 훈련해 주세요. 개는 혼란스러울 틈이 없도록 만들어줘야 해요."

그 순간, 부부는 서로를 바라보며 웃었고, 그 후 진순이의 훈련은 훨씬 수월해졌다.

개를 바꾸고 싶다면, 먼저 나의 습관을 들여다봐야 한다. 내 말투는 어떤가? 매일 같은 방식으로 반복하고 있는가? 인내심이 있는가? 아니면 쉽게 조급해지거나 예민해져서 개를 혼란스럽게 만드는 건 아닐까? 훈련은 결국 개를 길들이는 일이 아니라, 사람의 패턴을 재구성하는 일이다. 내가 어떻게 행동하느냐가 곧 개의 행동을 결정짓는다. 훈련사는 그런 습관의 교정자이기도 하다. 나는 보호자에게 기술을 가르치지만, 그보다 더 깊은 이야기를 전하고 싶다.

"바꿔야 할 건 개가 아니라, 바로 보호자입니다."

이 말은 결코 비난이 아니라, 훈련이란 길을 함께 걷기 위한 첫걸음이다.

훈련의 90%는 보호자의 반복이다

처음 개를 훈련시키러 오는 보호자들은 대부분 '훈련'이라는 걸 굉장히 특별한 기술로 생각한다.

"선생님, 어떻게 하면 우리 아이가 이렇게 똑똑해질 수 있을까요?"

"무슨 간식 쓰세요?"

"특별한 비법이 있나요?"

이런 질문들을 수도 없이 들었지만, 나는 언제나 같은 대답을 한다.

"특별한 건 없어요. 그냥 매일, 똑같이, 반복했을 뿐이에요."

물론 그 안에는 기술이 있고, 심리학적 접근이 있고, 상황별 응용이 있다. 하지만 그 모든 건 '반복'이라는 기초 위에 놓여 있어야만 제대로 작동한다.

개는 반복되는 패턴을 통해 세상을 이해하고, 보호자의 의도를 파악하며, 행동을 익힌다. 훈련은 한 번 보여줘서 끝나는 일이 아니다. 훈련사의 시범을 보고 감탄하며 따라 하던 보호자도 며칠만 지나면 이렇게 말한다.

"선생님, 똑같이 했는데 안 돼요."

하지만 내가 다시 옆에서 시범을 보이면 개는 또 말 잘 듣는다. 그 차이는 기술이나 목소리의 높낮이 때문이 아니라, 얼마나 '같은 방식으로 반복했는가'에 달려 있다.

나도 초보 훈련사 시절엔 조급했다. 하루 이틀 지나면 당장 결과가 나와야 할 것 같았고, 훈련 효과가 느껴지지 않으면 좌절했다. 하지만 시간이 지날수록 개들은 내게 분명하게 알려주었다. "포기하지 말고 계속해 줘요. 그러면 나도 알게 될 테니까요."

나는 강아지 시절의 셰퍼드 '린다'에게서 그걸 가장 많이 배웠다. 린다는 예민한 아이였고, 낯선 사람에게 쉽게 짖었다. 보호자들도 마음이 급해 자꾸 조용히 시키려 했다. "안 돼!", "쉿!", "그만!" 같은 말을 쏟아내며 오히려 더 큰 자극을 주었다. 그래서 나는 한 가지만 부탁했다.

"매일 같은 시간, 같은 상황에서, 똑같은 말투로, 단 하나의 말만 반복해 주세요. '괜찮아'라는 말 하나만요."

처음에는 변화가 없었다. 하지만 일주일, 이주일이 지나자 린다는 보호자의 '괜찮아'라는 말에 귀를 기울이기 시작했다. 그리고 결국 짖기 전에 보호자의 얼굴을 먼저 보는 습관이 생겼다. 린다를 바꾼 건 '괜찮아'라는 단어가 아니라, 매일 반복된 보호자의 말투와 안정된 감정이었다.

훈련은 결국 보호자의 습관이기도 하다. 오늘은 마음이 넉넉해서 다정하게 부르고, 내일은 짜증나서 억지로 시키고, 모레는 피곤하니까 그냥 넘기고… 이렇게 매일 다른 방식으로 훈련하면, 개는 그 안에서 어떤 기준도 찾을 수 없다. 내가 수백 번 강조하는 말이 있다.

"사람에게는 지겨운 반복이, 개에게는 믿을 수 있는 약속입니다."

반복은 기술이 아니라 책임이고, 감정이 아니라 기준이다. 보호자가 매일 어떤 표정으로, 어떤 말투로, 어떤 타이밍에 개를 대하는지가 훈련의 90%를 결정한다. 특별한 기술을 배우는 것도 좋지만, 가장 중요한 건 '반복을 지킬 수 있는가'다. 그리고 그건 훈련사인 나도 매일 스스로에게 묻는 질문이다.

나는 오늘도 같은 시간에 훈련장을 열고, 같은 구령을 외치고, 같은 표정으로 개를 맞이한다. 그렇게 하루하루 쌓인 반복이 어느 날 성과가 되고, 그 성과가 다시 새로운 습관으로 이어진다. 개는 반복된 행동 속에서 안정을 찾고, 보호자는 그 안에서 신뢰를 얻게 된다. 그리고 결국 그 모든 건 '훈련'이라는 이름으로 포장된 보호자의 습관일 뿐이다.

바꾸고 싶다면, 먼저 내가 바뀌어야 한다

훈련장에서 가장 많이 듣는 말 중 하나는 "우리 개는 안 바뀌어요."다. 그리고 그 말 뒤에는 늘 이런 말이 따라온다.

"제가 뭘 잘못했는지는 모르겠지만, 뭘 해도 말을 안 들어요."

하지만 훈련이 제대로 되지 않을 때, 진짜 원인을 찾으려면 개를 보기보다 보호자를 먼저 돌아봐야 한다. 개는 늘 지금 이 순간, 보호자의 행동을 보고 배우고 있기 때문이다. 나는 수많은 훈련 상황에서, 개보다 보호자의 변화가 먼저 일어나야 한다는 걸 배웠다. 예를 들어 보자. 한 번은 포메라니안 '바비'의 보호자가 훈련을 받으러 왔다. 바비는 산책만 나가면 짖고 날뛰어서 보호자가 감당하지 못하는 상태였고, 그 스트레스는 훈련사인 나에게까지 그대로 전달됐다. 하지만 정작 문제는 바비가 아니라, 바비에게 매번 다른 반응을 보이는 보호자였다. 어떤 날은 화를 내고, 어떤 날은 무시하고, 또 어떤 날은 안아서 달래고 있었다. 그래서 나는 보호자에게 단 하나의 행동만 요청했다. "무조건, 산책을 시작할 땐 '앉아.'를 시킨 뒤 시작하세요. 그리고 매일 똑같은 말투와 같은 리듬으로요." 처음엔 어색해하고 헷갈려 하던 보호자도, 매일 그 루틴을 지키면서 자신도 안정되기 시작했다. 그러자 놀랍게도 바비가 먼저 달라졌다. 짖기 전에 보호자를 쳐다보고, 흥분하기 전에 '앉아.' 자세를 유지하는 일이 잦아졌다. 바비는 바뀐 게 아니다. 늘 보호자를 지켜보고 있었고, 보호자가 처음으로 '일관된 행동'을 보여준 것이다. 결국 개는 보호자를 따라 배운다. 내가 어떤 말을 하느냐보다, 어떤 자세로 훈련에 임하느냐가 중요하다. 개에게 가르치는 건 그 자체보다, 보호자가 어떤 신호를 보내고 있는지를 먼저 읽는 것이기 때문이다. 보호자가 짜증난 얼굴로 "앉아."를 외치면, 그건 '명령'이 아니라 '긴장'을 전하는 것이다. 반대로 보호자가 편안한 표정과 부드러운 말투로 반복해주면, 개는 그 안에서 신뢰를 쌓는다. 나는 이걸 '감정의 거울'이라고 부른다.

　개는 우리의 말보다 감정을 먼저 읽는다. 그리고 그 감정은 습관처럼 행동에 스며든다. 바꾸고 싶다면, 개의 행동을 보기 전에 나의 말투, 나의 타이밍, 나의 감정을 먼저 돌아봐야 한다. 개를 바꾸는 건 기술이 아니라 태도이고, 명령이 아니라 습관이다. 나도 훈련사로서 처음엔 실수투성이였다. 감정에 휘둘려 화를 내기도 했고, 타이밍을 놓쳐 실망하기도 했다. 하지만 그 모든 과정을 지나며 하나의 진실에 도달했다.

"훈련은 개에게만 필요한 게 아니다. 보호자에게도 훈련사인 나에게도, 똑같이 훈련이 필요하다."

지금도 나는 매일 반복한다. 같은 시간에 훈련장을 열고, 같은 방식으로 개들을 맞이하고, 같은 마음가짐으로 하루를 시작한다. 그것이 내가 개와 소통할 수 있는 가장 기본적인 방법이기 때문이다. 보호자가 먼저 바뀌면, 개는 반드시 반응한다. 왜냐하면 개는 언제나 보호자를 따라 배우는 존재이기 때문이다. 그래서 나는 오늘도 같은 말투, 같은 자세, 같은 리듬으로 개를 부른다. 그 반복이 결국 관계를 만들고, 습관이 되고, 신뢰가 된다. 개를 바꾸고 싶다면, 먼저 내가 바뀌어야 한다. 그건 훈련의 출발점이고, 동시에 마지막 도착점이기도 하다.

신뢰는 반복을 통해 만들어진다

개와 사람의 관계는 말로 시작되지 않는다. 우리는 처음 개를 데려오면 이름을 부르고, 명령어를 가르치고, 말로 뭔가를 전달하려 한다. 하지만 개는 말보다 훨씬 먼저 우리의 눈빛을 읽고, 행동의 패턴을 기억하고, 익숙함을 통해 신뢰를 형성한다. "앉아.", "기다려.", "이리와." 같은 단어들이 효과를 가지기 시작하는 건, 단어 자체의 의미가 아니라 그 단어를 말하는 사람의 일관된 행동 때문이다.

신뢰는 어느 날 갑자기 생기는 게 아니다. 매일 똑같은 시간에 산책을 나가고, 같은 방식으로 밥을 주고, 같은 톤으로 칭찬하고, 실수했을 때 같은 방식으로 조용히 다시 가르치는 반복의 힘이 쌓여야만 만들어진다. 나는 수많은 개들과 훈련을 하며 이 사실을 몸으로 배웠다.

결국, 훈련은 기술이 아니라 습관이고, 습관은 곧 신뢰의 언어라는 걸 말이다.

한 번은 셰퍼트 우도와 훈련을 하던 시절이 생각난다. 초반엔 명령어를 외치고 훈련 기술을 구사하는 데 집중했다. 하지만 어느 날부터는 내가 먼저 우도의 눈을 들여다보게 됐다. 이 아이가 지금 나를 믿고 따라오는가, 아니면 불안하거나 머뭇거리는가. 그걸 확인한 후에야 명령이 먹혔다. 마치 사람 사이에서도 그렇듯, '이 사람은 날 믿는구나.'라는 느낌이 없으면 말은 벽에다 하는 소리처럼 들리지 않는 것처럼. 반복되는 훈련 속에서 내가 우도에게 보여준 건 신뢰할 수 있는 사람이 되는 것이었고, 우도는 그걸 기억했다. 매일 같은 장소에서, 같은 방식으로 "좋아, 우도야. 앉아볼까?"라고 말할 때 그 아이는 주저하지 않고 움직였다. 단어는 같지만, 그 속엔 내가 반복해온 습관과 태도가 녹아 있었다.

보호자들과의 상담에서도 자주 묻는다.

"우리 아이는 왜 집에서만 잘하고 밖에선 안 해요?"

그럴 때 나는 습관이라는 키워드를 꺼낸다. 개는 장소나 상황에 따라 전혀 다른 감정을 느끼고, 이전의 경험을 바탕으로 행동을 결정한다. 집에서는 익숙한 목소리, 익숙한 공간, 반복된 패턴이 있지만, 바깥은 그렇지 않다. 그래서 바깥에서도 신뢰가 유지되려면, 보호자가 일관된 습관으로 개에게 안정감을 줘야 한다. 칭찬하는 방식, 산책하는 리듬, 사람을 만났을 때 대처하는 태도까지 모두 매일 반복되는 그 사람의 삶의 방식이 곧 개에게는 신뢰의 기준이 되는 것이다. 익숙함이 없는 곳에서는 본능이 먼저 나오고, 그 본능은 불안, 경계, 도망, 공격성으로 표출되기도 한다. 결국 신뢰를 만든다는 건, 언제 어디서나 같은 사람이 되어주는 일이다.

사람 사이도 그렇다. 신뢰는 관계의 근육이고, 근육은 반복을 통해 단련된다. 좋은 말을 많이 한다고 해서 신뢰받는 건 아니다. 오히려 약속을 자주 어기고, 감정에 따라 말이 바뀌는 사람은 말이 많을수록 더 믿기 어려워진다. 개에게도 마찬가지다. 어떤 날은 부드럽게 말하고, 어떤 날은 소리 지르고, 어떤 날은 간식을 주고, 또 어떤 날은 화를 내며 무시한다면 개는 그 사람을 예측할 수 없다. 예측할 수 없는 존재는 불안함을 유발하고, 불안은 결국 관계를 불안정하게 만든다. 그러면 개는 명령을 따르지 않는 게 아니라, 따르고 싶지 않거나 따를 수 없게 된다. 그래서 훈련의 시작은 늘 똑같다. "나부터 예측 가능한 존재가 되는 것." 그것이 바로 신뢰를 위한 첫걸음이다.

훈련장에서 만난 수많은 보호자들 중에, 무의식적으로 매번 다른 방식으로 명령을 내리는 분들이 있다. "앉아!", "앉아 볼까?", "거기 앉아~", "앉으라니까!" 이 네 가지 말은 모두 같은 의미지만, 개는 매번 다른 행동을 배운다. 그리고 보호자는 말한다. "얘는 왜 이렇게 말을 안 들어요?" 그럴 때마다 나는 말 대신 보여주기를 권한다. 말보다 먼저 습관을 만들라고. 똑같은 상황, 똑같은 말투, 똑같은 수신호. 그게 쌓이면 개는 스스로 그 사람의 리듬을 기억하고 따라온다. 개는 단어가 아니라 패턴을 기억하는 동물이다. 그래서 훈련이란 건 결국 지시가 아니라 함께 맞춰가는 호흡이다.

나는 지금도 훈련장에서 똑같은 말을 반복한다. "잘했어.", "앉아.", "기다려.", "그렇지.", "또 해보자." 이 단어들은 기술이 아니라 관계의 습관이다. 그리고 그 습관은 내 몸 안에, 목소리 안에, 표정 안에 녹아 있다. 그래서 개들도, 보호자들도 내가 말할 때 그 감정을 읽고 따라온다. 그것은 내가 오래도록 반복해온 나만의 방식이자 리듬이다. 습관이 만들어낸 신뢰. 그리고 그 신뢰가 훈련을 가능하게 만드는 것이다.

반복은 습관이 되고, 습관은 관계가 된다

처음부터 거창한 목표를 세운 적은 없다. 오히려 매일 같은 시간에 일어나고, 같은 시간에 개들을 훈련장으로 데려가고, 같은 방식으로 리드줄을 걸고, 같은 순서로 운동장을 도는 일상이 전부였다. 그런데 신기하게도, 그 단순하고 지루해 보이는 반복이 나를 훈련사로 만들었고, 개와 보호자의 관계를 바꾸는 힘이 되었다. 나의 하루가 하나의 루틴으로 쌓일 때, 개들도 그 리듬 안에서 안정감을 느꼈고, 보호자들도 점점 익숙함 속에서 개와의 관계를 다시 바라보기 시작했다. 반복은 습관을 만들고, 그 습관은 결국 개와 보호자 사이의 연결고리가 된다.

훈련은 단지 동작을 가르치는 것이 아니라, 그 반복을 통해 서로를 이해하는 방식이다. 나는 종종 훈련장을 찾는 보호자들에게 이렇게 말하곤 한다. "하루 10분만, 같은 시간에, 같은 장소에서, 같은 방식으로 해보세요." 그러면 보호자들은 처음엔 고개를 끄덕이다가도, 막상 실천에 들어가면 며칠도 지나지 않아 질문이 쏟아진다. "이게 맞는 걸까요?", "효과가 없는데요?", "그냥 예전 방식이 더 편해요." 그런 질문을 받을 때마다 나는 미소 지으며 말한다. "보호자님은 아직 습관이 되지 않은 반복 속에서 결과를 찾고 있어요. 그런데 습관은 시간이 쌓여야 결과가 나타나요." 반복이란 단어는 단순하지만, 그 안에는 의지와 인내, 의심과 다짐이 함께 들어있다. 같은 것을 똑같이 한다는 건 생각보다 훨씬 큰 힘이 필요하다.

예전에 훈련했던 레트리버 사랑이와의 이야기가 생각난다. 사랑이는 산책 중 항상 보호자의 리드줄을 끌며 앞서 나가는 습관이 있었다. 보호자는 매일 "천천히!", "기다려!"를 외쳤지만, 사랑이는 그 말보다 보호자의 걷는 속도와 리드 잡는 손의 긴장감, 매일 다른 리액션에 더 반응했다. 그래서 나는 보호자에게 제안했다.

"매일 똑같은 시간에, 똑같은 코스를 천천히 걸어보세요. 말은 줄이고, 리듬만 일정하게 유지해보세요."

처음엔 효과가 없어 보였지만, 일주일이 지나자 사랑이의 보폭이 달라졌고, 두 주가 지나자 리드줄이 느슨해졌으며, 한 달이 되자 보호자와 나란히 걷기 시작했다. 보호자는 그제야 말했다.

"이게 반복의 힘이었군요."

개는 말이 아니라 행동의 패턴을 기억한다. 훈련이 잘 되는 개들은 똑똑해서가 아니라, 반복된 경험 안에서 예측 가능한 행동을 배웠기 때문이다. 그리고 그 예측 가능한 환경을 만들어주는 존재가 바로 보호자다. 하지만 많은 보호자들은 오늘은 간식을 주고, 내일은 간식 없이 화를 내고, 어떤 날은 안아주고, 어떤 날은 무시하는 식으로 일관성을 잃는다. 그럴수록 개는 혼란스러워지고, 혼란은 불안을 만들며, 불안은 결국 문제 행동으로 이어진다.

우리가 매일 반복하는 행동이 결국 개의 성격과 반응을 만든다. 좋은 습관이 쌓이면 개는 안정적인 행동을 보이고, 보호자와의 관계도 긍정적으로 바뀐다. 관계는 감정의 일이 아니라, 습관의 일이다. 특별한 이벤트보다 매일 아침 인사하는 보호자, 일정한 시간에 밥을 주는 손길, 실수해도 차분히 다시 시도하는 태도. 이런 사소해 보이는 행동이 신뢰를 만든다. 사람 사이에서도 그런 경험은 많다. 감동적인 한마디보다, 매일 안부를 묻는 친구, 같은 시간에 퇴근하는 가족, 말없이 기다려주는 동료가 더 깊은 유대감을 만든다. 개도 마찬가지다. 매일 반복되는 루틴 속에서 "이 사람은 나를 지켜주는 사람이구나."라고 느끼고, 그 감정이 곧 훈련의 바탕이 된다.

나도 내가 개를 가르치는 훈련사라기보다, 반복이라는 습관 속에 살아가는 사람이구나 하고 느낀 적이 많다. 처음 훈련을 시작할 때는

'잘 가르쳐야지.'라는 마음이 컸지만, 지금은 '잘 반복해야지.'라는 생각이 더 크다. 지루하더라도, 매일 같은 말투, 같은 리듬, 같은 손짓. 그 안에서 개가 나를 믿고 따라오는 순간을 만난다. 결국, 반복이란 건 지루함의 다른 이름이 아니라, 신뢰와 관계를 만들기 위한 가장 단단한 기반이다. 보호자들도 마찬가지다. 반려견과의 관계를 바꾸고 싶다면, 기적을 바라기보다 반복의 루틴을 만들어야 한다. 관계는 하루아침에 바뀌지 않는다. 하지만 하루하루 같은 마음으로 반복하면, 어느 날 그 관계는 새롭게 변해 있다.

신뢰는 눈빛으로, 습관은 몸으로 쌓인다

"얘는 제가 아무리 말해도 안 들어요. 제 말을 무시하는 것 같아요."

훈련장에서 자주 듣는 말이다. 보호자들은 '말'을 기준으로 훈련을 생각하지만, 개는 말을 듣지 않는다. 개는 사람의 말이 아니라 눈빛, 몸짓, 리듬, 에너지 같은 '비언어적 습관'을 통해 상황을 이해한다. 그래서 신뢰는 명령어보다 눈빛에서 시작되고, 훈련은 말보다 반복된 행동에서 완성된다.

나는 오랜 시간 수많은 보호자와 개들을 만나면서, 말은 가장 나중에 배운다는 사실을 알게 됐다. 말은 그저 보호자가 어떤 사람인지, 평소 어떤 습관으로 반려견과 대화 하는지를 증명하는 수단일 뿐이다. 반려견은 그런 보호자의 '몸'을 먼저 기억한다. 보호자가 말을 하기 전에 눈빛이 흔들리는지, 손이 떨리는지, 리드줄을 잡는 힘이 일정한지, 산책할 때 긴장하거나 불안해하는지…. 개는 그런 미세한 신호를 통해 상황을 읽는다. 사람은 말을 먼저 하고, 개는 몸으로 먼저 느낀다. 이 간극을 줄이지 않으면, 훈련은 늘 엇박자일 수밖에 없다.

한 번은 슈나우저 '뭉치'와 보호자와의 사이에서 생긴 오해가 있었다. 뭉치는 아주 영리하고 집중력도 좋은 개였지만, 보호자가 "기다려."라고 말만 하면 늘 자리를 이탈했다. 보호자는 자신이 말을 잘못했거나 뭉치가 고집이 세다고 생각했다. 그런데 나는 그 모습을 지켜보다가 조용히 보호자에게 말했다. "말을 할 때마다 시선이 왔다 갔다 하시네요. 뭉치는 그걸 눈치챈 거예요." 그 말에 보호자는 잠시 멈추더니 다시 한번 뭉치에게 '기다려.'를 외쳤다. 이번엔 보호자의 눈이 고정되어 있었고, 몸도 흔들리지 않았다. 뭉치는 움직이지 않았다. 그 짧은 순간, 나는 '신뢰는 말이 아니라 안정된 몸에서 시작된다.'는 걸 다시 느꼈다.

우리 몸의 습관은 말보다 훨씬 더 많은 걸 말해준다. 예를 들어, 어떤 보호자는 항상 리드줄을 강하게 쥐고 개를 조급하게 이끈다. 그건 단지 산책 스타일의 문제가 아니다. 보호자가 자신의 불안과 긴장, 통제욕을 개에게 고스란히 전달하고 있다는 뜻이다. 반대로 여유 있게 리드를 잡고, 개가 주변을 탐색할 시간을 주며 천천히 걷는 보호자는 '신뢰'라는 공간을 개에게 열어주고 있다. 그 차이는 훈련의 성공

률뿐 아니라, 개와의 관계 깊이도 바꾼다. 개와의 신뢰는 특별한 일이 아니라, 반복된 루틴 속에서 서서히 쌓이는 것이다. 같은 시간에 일어나고, 같은 방식으로 눈을 맞추고, 같은 말투로 인사하고, 같은 산책길을 걷고, 같은 간식을 주는 것. 개는 그 일관성 안에서 세상을 이해하고, 그 반복된 신호들 속에서 "이 사람은 나를 이해하고 있어."라는 감정을 갖게 된다. 반려견이 보호자를 신뢰하게 되는 순간은 거창한 훈련에서가 아니라, 아무 일도 없는 평범한 일상 속에서 찾아온다.

한 마디 덧붙이자면, 개가 문제행동을 보일 때 그걸 고치려는 노력도 중요하지만, 사실 그보다 앞서 보호자 자신의 몸과 마음의 습관을 돌아보는 게 먼저다. 내가 흔들리면 개는 더 크게 흔들리고, 내가 안정되면 개는 조금씩 안정되기 시작한다. 그것이 훈련의 시작이고, 신뢰의 출발이다. 결국 훈련이란, 서로를 향한 몸짓의 합이다. 말보다 먼저, 눈빛으로 대화하고, 시선으로 신호를 보내고, 몸으로 신뢰를 전하는 일. 이 모든 걸 반복하는 사람만이 반려견과 깊은 관계를 맺을 수 있다. 그래서 나는 오늘도 말보다 눈빛을 먼저 다듬는다. 습관은 입이 아니라 몸에서 만들어진다. 그리고 그 몸이 말보다 먼저 개에게 도착한다.

거창한 결심보다, 하루 5분의 반복

처음 애견학교를 시작했을 때 나는 엄청난 계획표를 만들어 붙여두곤 했다. 새벽 5시에 기상, 개별 훈련 스케줄, 보호자 상담 시간, 훈련경기대회 준비. 심지어 나만의 체력 훈련까지 빼곡했다. 하지만 몇 주 지나지 않아 깨달았다. 계획은 거창할수록 무너지는 속도도 빠르다는 걸. 결국 나를 지탱해준 건 '대단한 목표'가 아니라 '안 하면 이상한 습관'이었다. 하루에 딱 5분. 훈련이든 운동이든 기록이든 그 무엇이든 매일 같은 시간, 같은 장소, 같은 방식으로 반복한 루틴이 내 삶을 조금씩 바꿔놓기 시작했다.

내가 처음 훈련 경기대회에 출전했을 때도 마찬가지였다. 모든 걸한 번에 완성하려 들지 않았다. 오히려 나는 하루에 한 가지씩만 훈련했다. 오늘은 '앉아', 내일은 '기다려', 그 다음 날은 '물어'. 그렇게 하루 5분에서 시작한 훈련이 몇 달 뒤엔 완성도 높은 시퀀스가 되었고, 결국 독일에서 1등이라는 결과를 만들어줬다. 물론, 그 결과는 자랑스럽지만, 그보다 더 소중한 건 그 과정에서 쌓인 나만의 습관들이었다. 나는 그 습관들 덕분에 매일 훈련장을 나설 수 있었고, 어떤 날은 지치고 어떤 날은 하기 싫어도, 그냥 하게 되는 사람이 되어 있었다. 많은 보호자들이 훈련에 실패하는 이유도 여기에 있다. '이 아이를 바꾸겠어'라며 큰 결심을 하고 애견학교를 찾지만, 그 결심은 며칠을 넘기지 못한다. 훈련은 결심으로 되는 일이 아니다. 오히려 '그 시간에 안 하면 찝찝한' 루틴이 되어야 비로소 뿌리를 내린다. 예를 들어, 매일 저녁 8시, 간단한 '앉아-기다려-이리와'만 연습해도 개와 보호자 모두 조금씩 달라진다. 거창한 명령어를 가르치기보다, 일상에서 자연스럽게 쌓이는 5분이 더 중요하다. 왜냐면 그 5분이 쌓여, 결국 개의 행동도, 보호자의 태도도 바꾸기 때문이다.

　나는 훈련을 '기억하고 싶은 리듬'이라고 생각한다. 그 리듬은 일상 속에서 흘러야 한다. 일찍 일어나서 개의 눈을 마주치는 순간, 산책을 나서며 리드줄을 건네는 손의 감촉, 칭찬할 때의 말투와 톤, 쓰다듬는 방향까지. 이런 모든 순간들이 결국 하나의 리듬이 된다. 리듬이 있는 관계는 안정감을 만든다. 개는 그 리듬 안에서 편안함을 느끼고, 훈련사인 나 역시 그 리듬이 흐트러지면 오히려 불안해질 정도다.

한 번은 파란색 다이어리를 들고 훈련장에 온 보호자가 있었다. 하루도 빠짐없이 개와의 훈련 시간을 기록한 다이어리였다. 3줄 정도의 짧은 기록. "오늘은 '앉아'가 4초 만에 됐다." "기다려 중에 갑자기 택배 소리에 움직임. 다시 반복." 그 메모를 3개월 동안 매일 썼다는 그분은 결국 스스로 훈련의 원리를 깨닫고 있었다. 나는 그 다이어리가 '훈련 결과'보다 '습관의 기록'이라는 점에서 무척 감명 깊었다. 작은 습관이 쌓여 거대한 인식을 만든다는 걸 보여주는 사례였다. 결국 우리가 개와 함께 잘 살기 위해 필요한 건 '대단한 의지'가 아니다. 매일 반복되는, 안 하면 어색한 5분의 루틴. 그 작은 반복이 개를 변화시키고, 보호자를 변화시키고, 관계를 바꾸고, 인생의 리듬마저 바꾼다. 나도 지금 이렇게 글을 쓰는 것도, 책을 준비하는 것도, 모두 같은 리듬 속에서 이루어지고 있다. 내가 오늘도 훈련장을 나서는 이유는 여전히 같다. 대단한 꿈이나 목표 때문이 아니라, 어느새 내 몸이 기억하는 반복된 리듬 때문이라는 것을.

훈련보다 먼저 만들어야 할 일상 루틴

"선생님, 훈련을 시작하려면 어떤 명령어부터 가르쳐야 하나요?"

이 질문을 나는 수백 번은 들어봤다. 보호자들은 '앉아.', '기다려.', '이리 와.' 같은 명령어가 훈련의 시작이라고 생각한다. 하지만 나는 항상 이렇게 말한다.

"명령어보다 먼저, 일상을 만들어주세요."

개의 삶은 반복으로 구성된다. 같은 시간에 밥을 먹고, 같은 길을 산책하고, 같은 장소에서 잠든다. 보호자와 함께 걷는 속도, 줄을 잡는 손의 감각, 목소리의 높낮이와 말투, 이 모든 게 개에게는 신호다. 그래서 훈련의 시작은 '일상의 반복'을 만들어주는 것이다. 훈련 명령어는 그다음 문제다. 일상이 흐트러져 있으면 아무리 멋진 명령어도 개의 뇌리에 남지 않는다. 내가 훈련했던 비숑 '아리'도 처음엔 산책

도중 사방으로 달려가고, 사료도 하루걸러 먹고, 집에서는 여기저기 마킹을 해댔다. 보호자는 조급한 마음에 훈련 명령어부터 알려달라고 했다. 하지만 나는 먼저 '일상 루틴부터 정리합시다'라고 말했다. 같은 시간에 산책을 나가고, 사료를 줄 땐 반드시 '앉아'를 한 후 주며, 하루 2번 정해진 시간에만 간식을 주는 방식으로 루틴을 바꿨다. 한 달쯤 지나니 아리는 보호자의 움직임을 예측하고 기다릴 줄 아는 개로 바뀌었다. 별다른 훈련 없이도 말이다. 그게 바로 '루틴의 힘'이었다.

많은 보호자들이 훈련을 '기술'로만 생각한다. "가져와를 가르치고 싶다", "짖음을 멈추게 하고 싶다." 그런데 정작 보호자 자신의 생활은 하루도 같은 날이 없다. 아침 산책 시간도 들쭉날쭉, 밥 주는 시간도 매번 다르고, 기분 따라 말투도 달라진다. 그런 상태에서 개가 일관된 행동을 보여주기를 바라는 건 불가능에 가깝다. 훈련이 잘 되지 않는 건 개 때문이 아니라, 보호자의 일상이 먼저 정리되지 않았기 때문인 경우가 대부분이다.

나는 훈련을 시작할 때 항상 다음 질문을 던진다. "당신의 하루는 어떤가요?" 그리고 그 하루 안에 개가 어디에 들어있는지 함께 들여다본다. 그걸 정리하지 않으면, 어떤 명령어도 오래가지 못한다. 루틴이 먼저고, 그 위에 훈련이 쌓이는 거다. 물론 완벽한 일상을 만들 필요는 없다. 오히려 너무 빽빽하게 계획을 짜면 보호자도 지친다. 중요한 건 '지킬 수 있는 작은 틀'을 만드는 거다. 예를 들어 매일 저녁 8시에 5분만 함께 노는 시간, 아침 산책 후 1분만 눈을 맞추며 '잘했어'를 반복하는 시간, 이런 것들이 개에게는 '예측 가능한 일상'이 되고, 그게 곧 안정감을 준다. 안정감이 생기면 개는 집중하고, 집중이 되면 학습이 일어난다. 이게 심리학에서 말하는 '조건 형성의 기반'이기도 하다.

훈련이 잘 되는 개들의 공통점은 명령어를 빨리 배우는 게 아니다. 그보다 '예측 가능한 환경'에서 자란 개들이다. 사람도 마찬가지다. 새로운 업무를 배우려면, 먼저 책상이 정돈돼 있고, 일정이 정리돼 있어야 집중할 수 있다. 개도 똑같다. 일상이 정돈되지 않은 환경에서는 배움도, 훈련도 일어나기 어렵다.

나는 지금도 훈련을 시작하기 전에 매일 내 루틴을 확인한다. 몇 시에 출근하는가, 어떤 개가 몇 시에 오고, 어떤 보호자와 상담이 있는가. 그리고 그 속에 내가 뭘 반복할 수 있을지 점검한다. 훈련사라는 직업은 결국 루틴을 관리하는 직업이다. 훈련보다 먼저, 그 모든 걸 가능하게 하는 틀이 바로 일상이다. 일상이 흐트러지면 아무리 멋진 훈련법도 무너진다.훈련을 시작하기 전에, 지금 당신의 하루를 먼저 들여다보자. 매일 같은 시간에 무언가를 반복하고 있는가? 개가 기대할 만한 순간이 존재하는가? 당신의 루틴이 곧 개의 리듬이 된다. 그리고 그 리듬이 계속된다면, 훈련은 자연스럽게 따라온다.

멋진 결심보다 '안 하면 이상한 습관'이
더 강하다

"이제부터 매일 새벽 5시에 일어나서 강아지 산책시키고 훈련도 하고, 식단도 챙기고, 하루 30분 기록도 남기겠습니다." 훈련을 시작한 많은 보호자들이 이렇게 다짐한다. 나는 그 다짐이 얼마나 진심인지를 알기에 고개를 끄덕인다. 하지만 한편으로는 마음속에 이런 말도 남긴다.

"결심은 멋질수록 오래 못 간다."

내가 훈련사 생활을 시작한 지 1년쯤 되었을 때, 한참 열정에 불타 있을 무렵이었다. 당시에 나는 '하루에 10마리의 개를 완벽히 훈련시키자'는 목표를 세웠다. 매일 계획표를 세우고, 모든 훈련 스케줄을 정리하고, 틈날 때마다 훈련 영상을 보고 기록했다. 그런데 열흘도 안

되어 지쳤다. 일정이 밀리고, 컨디션이 흐트러지고, 목표를 이루지 못한 스스로에게 자책이 밀려왔다. 그때 깨달았다. 내가 만들고 싶은 건 거창한 결심이 아니라, 매일 안 하면 이상한 습관이라는 것을. 이후로 나는 방식을 바꿨다. 대단한 계획 대신, 작고 단순한 루틴을 만들기로 했다. 아침에 훈련장을 열기 전, 개들과 눈을 맞추며 이름을 부르고 쓰다듬는 5분. 퇴근 전, 그날 가장 기억에 남는 개의 반응을 노트에 짧게 적는 훈련일지. 너무 간단해서 안 해도 아무도 뭐라 안 할 일들이었다. 하지만 그걸 하루, 이틀, 한 달, 1년, 5년… 그렇게 반복하니 어느 순간 그 루틴은 나를 지탱하는 축이 되었다. 이제는 그걸 하지 않으면 뭔가 빠진 것 같고 불편한 마음이 들 정도다.

개도 마찬가지다. 처음 훈련을 시작할 땐 '앉아', '기다려', '엎드려'를 가르치지만, 중요한 건 그 동작이 아니라 반복의 경험이다. 아무리 멋진 동작도 하루 이틀 지나면 잊혀진다. 반대로 하루 1분씩 간단히 반복한 행동은 오랫동안 몸에 남는다. 학습심리학에서는 이를 '습관화'라 부른다. 보상이 사라져도 행동이 유지되는 단계. 바로 그 상태를 만들기 위해 훈련사가 해야 할 일은, 개에게 '반복할 수 있는 조건'을 만들어주는 것이다.

보호자에게도 이 원리는 똑같이 적용된다. 처음부터 '완벽한 보호자'가 되려고 하면, 지친다. 대신 '매일 5분이라도 개와 대화하듯 말 걸기', '산책 중 개의 몸 구석구석 만져주며 빗질하기' 같은 작은 습관부터 시작해보자. 이게 반복되면 개는 보호자를 더 잘 이해하게 되고, 보호자도 개의 반응에 더 민감해진다. 그게 진짜 훈련의 시작이다. 나는 훈련사지만 동시에 매일을 살아가는 한 사람으로서, 삶의 대부분이 이런 사소한 습관의 반복으로 구성된다는 걸 안다. 책상 앞에 앉기 전에 스트레칭하기, 출근 전에 반려견 이름 한 번 불러주고 이쁘다 하기, 퇴근 후 가족들과 5분이라도 대화하기. 이런 '작은 반복'이 쌓일 때, 사람은 무너지지 않는다. 큰 결심은 멋지지만, 결국 부서지기 쉽다. 오히려 '안 하면 허전한' 작은 루틴들이 당신을 오래 지탱해준다.

어떤 보호자는 훈련을 통해 개의 행동을 바꾸고, 나아가 삶까지 달라졌다고 말한다. 나는 그렇게 말하는 사람들을 볼 때마다 이런 생각이 든다.

"그 변화는 훈련이 아니라, 그들이 만든 새로운 습관에서 온 거야."

우리에게 필요한 건 동기부여보다 반복이다. '해야만 하는 것'보다 '안 하면 허전한 것'이 진짜 습관이다. 그런 습관이 하나씩 늘어갈 때, 우리는 스스로를 훈련시켜 나간다. 개를 가르치며 깨달은 것들 중 가장 중요한 건 이것이다.

"습관은 훈련보다 강하고, 반복은 의지보다 오래 간다."

나는 오늘도 같은 길을 걷는다

언제부터였을까. 애견학교에 가는 길이 익숙해진 건. 길을 걸어가며 나무 사이로 쏟아지는 햇빛을 보고, 나를 반기며 반갑게 짖는 개들의 소리에 귀 기울이고, 내 발걸음의 리듬을 느끼는 그 시간이 하루의 시작이 되었다. 출근이라기보다는, 매일 정해진 길을 걷는 '의식' 같은 느낌이다. 마치 어떤 종교적인 반복처럼, 매일 같은 길을 걷고 같은 장소에 도착하면 나는 훈련사라는 이름의 나로 돌아온다. 이 길은 내가 훈련을 가르치기 위해 가는 길이기도 하지만, 실은 나를 훈련 시키는 길이기도 하다.

반려견을 가르치는 일은 늘 다른 상황, 다른 성격, 다른 감정들과 마주하는 일이다. 그래서 나는 매일 새로 시작해야 했다. 어제 성공했던 방식이 오늘은 통하지 않을 수도 있고, 어제와는 전혀 다른 보호자의 질문에 대답해야 할 수도 있다. 반복되는 일상 같지만, 매일이 새롭다. 그러니까 결국, 나는 매일 다시 배운다.

사람들은 가끔 묻는다.

"선생님은 이미 다 익숙하신 거 아니에요?"

그럴 때 나는 웃으며 대답한다.

"익숙해지지만, 절대 익숙해지지 않아요."

이 말은 모순처럼 들리지만, 훈련사로 산다는 건 늘 그런 상태에 있다. 루틴은 익숙해지지만, 개와 보호자와의 만남은 항상 새롭다. 나는 매일 같은 길을 걷지만, 그 길에서 마주치는 얼굴은 늘 다르고, 날씨도 다르고, 감정도 다르다. 그래서 같은 길이지만, 나는 그 안에서 계속 새로워지고 있는 셈이다.

때론 지칠 때도 있다. 반복된 하루, 변화 없는 시간들, 끝나지 않는 질문들. "이게 맞는 건가?" 하는 의문이 들 때도 있다. 하지만 그럴 때마다 나는 생각한다. 그래, 이 길을 오늘도 걸었다는 것 자체가 나의 삶을 잘 살고 있다는 증거야. 매일 반복된 훈련과 감정 조절, 루틴의 축적이 나를 '훈련사'로 만들었다. 대단한 한 방의 성공이 아니라, 수없이 쌓인 실패와 시도, 후회와 수정, 그리고 그 모든 과정을 통과한 반복이 나라는 사람을 만들어 왔다. 그걸 가장 잘 알려준 존재는 다름 아닌 개들이다. 말없이 내 감정을 읽고, 행동을 기억하고, 작은 칭찬

하나에 온몸으로 반응해주는 그 아이들. 그 아이들과 함께한 모든 하루가 나를 훈련했다.

나는 이제 '훈련사'라는 말보다 '습관을 지키는 사람'이라는 말이 더 마음에 든다. 매일 같은 길을 걸으며, 같은 시간에 개를 보고, 같은 말투로 인사를 나누고, 같은 방법으로 훈련을 반복하는 사람. 어떤 날은 그게 지루하고, 어떤 날은 그게 전부였다. 결국 나를 여기까지 오게 만든 건, 멋진 계획이나 뜨거운 열정이 아니라, 포기하지 않고 같은 길을 걷는 습관이었다. 그 길 끝에서 마주치는 건 개의 눈빛일 때도 있고, 보호자의 안도일 때도 있고, 어떤 날은 내 마음 한구석의 작은 만족일 때도 있다. 그리고 그 모든 날들이 모여, 나는 오늘도 같은 길을 걷는다. 어제와 다르지 않은 오늘이, 내겐 가장 확실한 성장의 증거이다.

나는 누군가의 습관으로 존재한다

누군가의 습관이 된다는 건 어떤 의미일까. 강아지들은 나를 보면 반사적으로 앉기도 하고, 나와 눈을 마주친 순간 꼬리를 흔들기도 한다. 어떤 아이는 내가 고개만 끄덕여도 기다리고, 어떤 아이는 내가 무릎을 톡 치기만 해도 다가온다. 이건 가르쳐서 만들어낸 행동일 수도 있지만, 나는 믿는다. 이건 '관계의 습관'이 만들어낸 반응이다. 개는 기억력이 좋지 않다. 하지만 감정은 잘 기억한다. 칭찬을 많이 들었던 공간은 좋아하고, 야단을 들었던 공간은 피한다. 그래서 나는 훈련할 때 늘 나 자신을 점검한다. 지금 내가 이 아이에게 어떤 감정을 주고 있는가. 내가 반복하고 있는 표정, 말투, 시선은 이 아이에게 어떤 습관으로 남을까. 결국 개에게 훈련사는 단순한 사람이 아니라,

'감정의 리듬을 주는 존재'다.

한 번은 이런 일이 있었다. 예전에 훈련을 맡았던 시추 '푸디'는 무척 예민하고 불안한 개였다. 처음엔 손을 대기만 해도 움찔거렸고, 보호자 옆에만 붙어 있으려 했다. 그 아이와 나는 많은 시간을 함께 보냈고, 반복 훈련을 통해 점점 안정감을 쌓아갔다. 그러던 어느 날, 다른 보호자의 개를 훈련하던 도중, 푸디가 조용히 내 옆으로 와 앉았다. 아무도 부르지 않았는데, 아무 명령도 없었는데, 마치 "난 여기서 이렇게 기다리는 게 익숙해."라는 듯한 모습이었다. 나는 그때 느꼈다.

"아, 나는 이 아이에게 하나의 습관이 되었구나."

생각해보면, 나도 누군가의 습관으로 존재한 적이 많다. 매일 문 앞에서 기다리던 개에게, 나는 돌아오는 사람이었고 항상 같은 시간에 밥을 주던 손이었으며, 지친 하루의 끝에서 함께 앉아 눈빛을 나누던 존재였다.

보호자들도 마찬가지다. 개는 보호자가 어떤 사람인지 긴 설명을 듣지 않아도 안다. 매일 늦잠 자는 사람인지, 산책을 자주 나가는 사람인지, 자주 화내는 사람인지, 항상 말만 앞서는 사람인지, 결국 개는 보호자의 행동 패턴을 습관으로 기억하고, 그에 따라 반응을 결정한다. 그래서 나는 항상 말한다. "당신은 이미 당신 개에게 하나의 습관이 되어 있습니다." 그 말은 때로 위로가 되기도 하고, 때로는 경고가 되기도 한다. 좋은 습관이든 나쁜 습관이든, 그건 개의 잘못이 아니라 우리 행동의 반영이기 때문이다. 나 역시 매일의 습관 속에서 살아간다. 내가 개를 훈련하는 시간이 반복되며 나를 단단하게 만들었고, 누군가의 눈빛 속에 내 표정이 녹아 있는 걸 느끼며 내가 누군가의 루틴 속에서 살아가고 있다는 걸 깨닫는다. 그것은 단지 직업이 만들어낸 결과가 아니라, 습관이 만든 관계였다.

나는 누군가의 기억 속에 "그 사람이 오면 기분이 좋아져.", "그 사람은 항상 차분하고 안정적이야.", "그 사람 옆에 있으면 편안해."라는 느낌으로 남고 싶다. 그리고 그런 내가 되기 위해, 나는 오늘도 훈련장을 나선다. 습관은 반복에서 시작되지만, 관계 속에서 완성된다. 내가 누군가에게 좋은 습관으로 남을 수 있다면, 그것만으로도 나는 충분하다.

습관은 나를 지탱하는 구조물이었다

사람들은 때때로 내게 묻는다.

"선생님은 매일 그렇게 훈련을 하면서 지치지 않으세요?"

나는 웃으며 말한다.

"지치죠. 슬럼프도 겪고요. 하지만, 그래도 멈추지 않아요. 제가 해야 할 일이니까요."

살다 보면 뜻대로 되지 않는 날이 더 많다. 가르치던 개가 아무런 반응도 보이지 않을 때도 있고, 보호자와의 소통이 엇갈려서 고생하는 날도 있다. 때로는 내가 믿었던 방식이 통하지 않을 때도 있다. 그럴 때마다 흔들리지 않으려 애쓰는 나를 붙잡아주는 건 멋진 동기부여 문구도, 성공에 대한 욕심도 아니다. 그저 매일 하던 루틴, 그것뿐이다. 습관이 없었다면, 나는 무너졌을 것이다.

어릴 때 독일에서 언어도, 문화도 모른 채 훈련 시험에 임했던 시간, 처음 개를 가르치며 실수 투성이였던 시간, 힘들게 아르바이트하며 유럽 곳곳의 훈련장을 찾아다녔던 시간, 한국에 돌아와 애견학교를 세우고 이사하고 다시 세우던 시간. 그 모든 순간마다 나를 붙잡아 준 건 딱 하나였다. "익숙한 반복"이었다. 매일 아침 일찍 일어나 훈련장을 정리하고, 항상 같은 시간에 운동장을 걷고, 같은 방법으로 아이들을 부르고, 같은 말투로 칭찬하고, 같은 순서로 기록을 남기고. 그건 누구에게 보여주기 위한 일도, 특별한 목적이 있었던 것도 아니었다. 그건 내가 무너지지 않기 위해 만든 나만의 질서였다.

가끔은 보호자들에게도 이렇게 말한다.

"큰 목표를 세우기보다는, 매일 반복할 수 있는 작은 행동을 만들어보세요."

강아지에게 '앉아'를 가르치는 것도 결국 하루하루의 반복이고, 분리불안도, 짖음도, 공격성도 결국은 습관을 바꾸는 일이다. 개를 바꾸는 훈련이 아니라, 환경과 리듬을 바꾸는 일이었다. 나는 이 책을 쓰는 지금도 같은 루틴 속에 있다. 아침에 개들을 만나고, 점심엔 보호자를 교육하고, 저녁에는 훈련 노트를 정리한다. 언제나 같은 시간, 같은 자리에 앉아 반복되는 일을 하고 있다. 지금 글을 쓸 수 있는 이유도, 결국은 습관 덕분이다. 습관은 인생을 바꾸는 마법 같은 도구가 아니다. 다만 무너지고 싶을 때, 방향을 잃었을 때, 그 자리에 가만히 서 있을 수 있게 도와주는 작은 구조물이다. 그리고 그 구조물은 누구든 만들 수 있다. 대단한 계획이나 목표가 없어도, 하루 5분이라도 반복하면 그건 분명히 당신의 인생을 지켜줄 거다.

나는 이제야 안다. 습관은 내가 만든 것이지만, 결국은 나를 만든 것이다. 훈련은 개를 위한 게 아니라, 나를 위한 것이기도 했고 그 반복은 누군가의 인생을 바꿨을 수도 있고, 무엇보다 내 삶을 무너지지 않게 버텨준 가장 강력한 힘이었다. 그리고 그건 지금 이 글을 읽고 있는 당신에게도 충분히 가능한 일이다.

02

습관이 글을 만든다

황상열 작가

글쓰기 루틴을 만들면 쓰기 쉬워진다

2024년 초 여러 사건을 겪으면서 나는 마음이 좋지 않았다. 생활 리듬과 그 동안 해오던 루틴이 무너졌다. 루틴을 하나씩 만들면서 인생의 변화를 가져올 수 있었다. 그것이 또 깨지게 되니 일이 꼬이기 시작했다. 잘하던 일도 이상하게 문제가 생겼다. 하나가 풀리지 않자 도미노처럼 여러 문제가 생겼다. 해결책을 찾아야 하는데, 마음이 아프다 보니 아무것도 하기 싫었다. 결국 회사 업무를 제외하고 모든 것을 멈추게 되었다.

루틴의 사전적 정의를 다시 찾아봤다. "어떤 것을 정해진 순서대로 반복하는 것"이라 나온다. 즉 자신이 정해놓은 어떤 습관이 있다면 그것을 순서대로 계속 지속하는 행위이다. 예를 들어 새벽 기상해서

물을 한 잔 마시고, 책을 읽고 기록하는 등 순서대로 하게 되면 이게 바로 루틴이다.

나는 매일 밤이나 아침 일찍 책 한 페이지 읽고 한 장 이상의 분량을 글로 채우는 루틴을 고수했다. 그렇게 해야 계속 읽고 쓰는 삶을 살 수 있다고 믿었기 때문이다. 그렇게 무슨 일이 있더라도 매일 읽고 썼다. 그러다가 2025년 처음으로 세 달 넘게 읽고 쓰는 루틴을 중단하게 되었다. 도저히 읽고 쓸 여유가 생기지 않았다.

조던 피터슨 교수의 유튜브 강의 영상에 나온 '아무리 인생이 힘든 일이 있더라도 자신이 하는 일은 계속해야 한다.' 는 말을 듣고 손뼉을 쳤다. 지금 힘들지만 내가 쓰는 글쓰기 루틴은 지속해야 했다. 자신의 루틴을 행하지 않는다면 존재 가치가 없어진다는 것과 일맥상통한다.

다시 컴퓨터 앞에 앉았다. 그 당시 내 심정을 솔직하고 담담하게 사실로 전달했다. SNS에 내 글을 기다려 주는 사람이 있었나 보다. 몇 사람이 댓글로 힘내라고 응원했다. 그 댓글을 보고 내 눈은 뜨거워졌다. 다시 계속 쓸 수 있는 용기와 힘이 생겼다. 그 뒤로 매일 조금씩 글을 썼다. 책 원고를 쓰거나 SNS에 따로 글을 포스팅했다. 업무 출장이나 야근 등이 있으면 글감 노트나 다이어리에 떠오르는 아이디어를 2~3줄로 메모했다.

나처럼 글을 매일 쓸 수 있는 루틴을 만들면 글쓰기가 좀 더 수월해진다. 글쓰기 루틴을 만드는 방법을 한번 같이 알아보자.

첫째, 언제 쓸지 시간을 확보한다. 새벽에 쓸지 밤늦게 기록할지 자신에게 맞는 글쓰기 시간을 찾는다. 24시간 바쁘게 살아가지만, 진심으로 글을 쓰고 싶다면 최소 30분 이상 글쓰는 시간을 확보하자.

둘째, 어디서 쓸지 공간을 확보한다. 집에서 쓴다면 자신만의 서재 등 공간을 활용한다. 자신만의 방이 없다면 한 구석에 책상 하나 놓고 써도 된다. 카페나 도서관도 추천한다. 마음 편하게 쓸 수 있는 공간을 확보하자.

셋째, 무조건 자신의 분량을 채우자. 매일 쓰기 위해서는 우선 자신이 어느 정도 분량을 쓸 수 있는지 알아보자. 5줄밖에 쓰지 못하는데, 그 이상으로 쓴다면 그 자체가 스트레스다. 자신의 분량을 확인하고, 익숙할 때까지 분량을 채울 수 있도록 연습하자.

넷째, 자신만의 글을 쓰면 된다. 타인과의 글을 비교하지 말자. 어차피 내가 경험한 사건을 바탕으로 거기서 느낀 감정에 가치와 의미를 부여하여 독자에게 어떤 메시지를 주는 것이다. 같은 주제로 쓴 유명 작가의 글도 읽어보면 잘 쓰지 못하는 부분이 있다. 자신이 아는 그대로 쓰는 것이 중요하다.

다섯째, 계속 써야 한다. 시간과 공간도 확보하고, 자신만의 주제로 계속 쓰면 달라진다. 그 주제에 관한 글을 독자가 읽어보고 전문가로 인식하게 된다. 한두 번 쓰다가 멈추면 안하느니 못하다. 계속 쓸 수 있는 용기가 필요하다.

위 5가지만 잘 지켜도 글쓰기 루틴을 만들 수 있다. 이제 올해도 100일이 남지 않았다. 올해가 가기 전이라도 자신만의 글쓰기 루틴을 고민하자. 글은 쓰고 싶은데 들쭉날쭉하거나 아예 쓰지 않는다면 영원히 쓸 수 없다. 오늘 쓰고 싶다면 루틴을 생각하자. 닥치고 쓰면 뭐라도 나온다.

루틴을 가져보는 것은 어떨까?

가끔 유튜브로 〈세상을 바꾸는 시간〉, 〈테드〉 등 강의 영상을 즐겨 본다. 거기에 나오는 다양한 성공자의 강의를 들으면서 나태해지는 나를 돌아보고 다시 한 번 동기부여를 받는다. 그들을 살펴보니 각자 하는 일은 다르지만 자기 분야에서 성과를 이룰 수 있었던 공통점을 발견할 수 있었다. 그것은 바로 "루틴"이다.

루틴의 사전적인 정의를 찾아보면 다음과 같다. "매일 반복되는 반복된 행동"이라고 나온다. 무슨 일이 있어도 매일 반복하는 자신만의 특화된 행동이나 패턴이라고 보면 이해가 쉽다. 일본의 야구영웅 스즈키 이치로는 매일 경기 5시간 전 경기장에 도착하여 스트레칭과 타격준비를 했다. 비가 오나 눈이 오나 상관없이 수행했다고 하니 루틴이 그를 타격의 달인으로 만들었다고 해도 과언이 아니다. 매일 아침 먹는 음식도 카레라이스를 먹은 것으로 유명하다.

미국 독립 영웅이자 평생을 철저한 자기계발로 과학과 정치인으로 성공적인 삶을 살았던 벤저민 프랭클린이란 인물이 있다. 그가 이렇게 성공할 수 있었던 이유는 철저한 자기관리로 매일 똑같은 일상을 반복했던 데 있다. 그는 40대 중반 운영하던 인쇄업의 성공으로 경제적 자유를 달성했다. 84세로 죽을 때까지 매일 아침 5시에 일어나서 그날에 해야 할 계획을 세우고 명상, 공부, 샤워 등을 차례로 진행한다.

오전 업무 4시간, 점심시간 2시간, 오후 업무 4시간을 칼같이 시간을 지킨 그는 저녁에는 자신이 좋아하는 취미 생활을 하고 밤 10시에 잠자리에 든다고 전해진다. 시간을 헛되이 쓰는 것을 싫어했던 그는 이렇게 규칙적인 생활을 통해 많은 성과를 남겼다. 무라카미 하루키도 매일 같은 시간에 일어나서 글을 쓰고 달리기를 한다. 평생 동안 이런 루틴으로 살면서 그는 수많은 명작을 남겼다.

내 주변만 봐도 철저한 자신의 루틴을 가지고 있는 사람들이 잘되는 경우를 많이 봤다. 나도 새벽 6시에 일어나 독서와 글쓰기로 하루를 시작한다. 새벽 기상을 통해 자신만의 명상, 독서, 운동 등으로 루틴을 만드는 지인들도 많다. 직장생활과 병행하다 보니 기상 시간이 들쭉날쭉하지만 내 나름대로 글쓰기와 독서만큼 일정한 루틴을 유지하고 있다. 어떠한 일이 있어도 한 페이지 책을 읽고, 한 장의 글을 쓰기 위해 노력한다.

이렇게 루틴이 있으면 자신의 생활을 규칙적으로 할 수 있다. 시간을 쓸데없이 낭비하는 것을 막을 수 있다. 하지만 매일 이렇게 루틴을 유지하는 것이 쉬운 일은 아니다. 사람이다 보니 하루 정도 빼먹어도 괜찮겠지 하는 생각이 들기도 한다. 루틴을 유지한다는 것이 자신의 재미와 즐거움을 포기하는 것이다.

그 지루함을 견디면서 자신의 인생에서 가장 중요한 목표를 향해 나아가는 작은 행위라고 할 수 있다. 아마 나도 매일 조금씩 썼던 글쓰기가 몇 권의 책도 출간하고, SNS에 수천 개 글이 업로드 할 수 있었던 원동력이 아니었을까? 오늘부터라도 어떤 것이라도 좋으니 자신만의 루틴을 만들어보자. 루틴을 가지게 되는 순간부터 내가 원하는 인생을 시작할 수 있다.

"무슨 생각 하면서 하세요?" 기자가 묻는다. "무슨 생각해. 그냥 하는 거지.” 김연아답게 웃으면서 대답한다. 맞다. 그녀는 피겨스케이팅 분야에서 세계 최고가 되기 위해 매일 그냥 훈련했다. 핑계나 변명 따위 필요 없다. 감정이 좋거나 나쁘거나 그냥 훈련한다. 몸이 어디 아파도 자신이 할 수 있는 범위에서 매일 반복하면서 훈련한다. “매일 그냥 한다.”가 주는 철학은 다음과 같이 생각할 수 있다.

첫째, 말보다 행동 중심의 삶이다. 감정이 흔들려도 피곤해도 두렵고 막막해도 그냥 하는 거다. 올해 나는 회사 일도, 글쓰기도, 독서도, 강의 준비도 “별거 아닌 듯” 반복하고 있다. 어떤 일이 있어도 출근하고 일하고 퇴근한다. 출장 가기도 하지만, 저녁에는 한 편의 글을 쓰거나 책을 읽는다.

둘째, 불확실한 세상에서 나만의 작은 질서 만드는 일이다. 인생 자체가 예측 불가능하고, 세상은 내 뜻대로 흘러가진 않는다는 사실을 깨달았다. 지금 만 직장생활 만 21년 차로 도시계획 엔지니어 본업은 ‘혼란 속 질서’를 다룬다. 글쓰기는 세상의 혼란 속 의미를 찾는다. 이 두 개를 매일 그냥 하면서 세상에 내 방식대로 질서를 부여하고 있다.

셋째, 진짜 단순함은 성찰 끝에 찾아온다. 회사 일도 하고, 글도 쓰고, 강의도 하고, 그저 내가 할 수 있는 매일 반복한다. 지금까지 이것 저것 하고, 여러 사람도 만났다. 신경쓸 것이 많다 보니 마음이 복잡했다. 여기저기 기웃거리다가 결국 모두 놓쳤다. 이제는 많이 정리했다. 내가 잘 할 수 있는 몇 개만 남겼다. 그것에 집중하고 매일 그냥 한다.

이렇게 감정이나 상황에 관계없이 매일 반복하는 나만의 행동 패턴이 "루틴"이다. 기분이 좋든 나쁘든, 상황이 좋거나 안 풀리거나, 외부의 평가와 상관없이 내가 정한 몇 가지를 매일 묵묵히 해 나가는 것이다.

2025년 초부터 루틴을 다시 정했다. 새벽 5시 30분에 일어나 5분 정도 심호흡 하면서 명상한다. 6시까지 책을 읽는다. 6시~6시 50분까지 일주일 2~3회 헬스장에 가서 운동한다. 운동하지 않을 때는 유튜브에 올릴 쇼츠 영상을 기획하고 찍는다. 7시 30분에 출근해야 해서 7시까지 이런 루틴으로 진행하고 있다.

퇴근 후 한 편의 글을 쓰고 있다. 주제나 구성 방식, 메시지 등은 회사 업무 중 점심시간이나 자투리 시간을 활용하여 미리 준비한다. 글쓰기 전후로 아이들과 시간 보내거나 막내아들을 씻긴다. 잠시 쉬다가 책 몇 페이지를 읽고 잠이 든다. 11시~12시 사이가 된다. 술을 마시지 않으니 일찍 집에 오게 된다. 술자리에 오라고 부르는 사람도 거의 없다.

루틴이 주는 힘은 크다. 무너지는 날에도 나를 다시 일으켜 준다. 불안해도 두려움에 떨어도 스트레스가 와도 '루틴'은 다시 나를 다시 중심에 놓아준다. 또 "매일 그냥 하면서 오늘도 나는 했다."는 내용이 자존감을 올려준다. 매일 그냥 하다 보면 그것이 쌓이다 보면 엄청난 성장을 이루게 된다. 1년, 5년, 10년이 지나면 남들은 절대 따라잡을 수 없는 내공이 쌓인다.

처음 글을 쓸 때 그저 남에게 잘 보이고 싶은 이유가 컸다. 그저 한 권의 책이 나오면 베스트 셀러가 되고 유명 작가가 되는 줄 알았다. 매일 조금씩 쓰다 보니 여기까지 올 수 있었다. 11년 동안 매일 글을 쓰고 있는 내 모습이 이제는 자랑스럽다.

21년 넘게 10개의 회사를 전전하면서도 도시계획 엔지니어 본업을 유지하는 것도 놀랍다. 이 본업을 하면서 매일 다른 일을 해야겠다고 욕했는데, 지금까지 올 수 있었던 것도 매일 그냥 일을 했기 때문이다. 이제야 알겠다. 루틴대로 사는 게 근사한 인생을 만나는 지름길이란 사실을. 기분에 따라 살지 말고 기본에 따라 살자.

글쓰기 습관을 기를 수 있는 좋은 5가지 방법

2015년 여름 첫 책 〈모멘텀〉 원고를 쓰기 시작했다. 혼자서 쓰기 어려워 글쓰기 책을 읽고 강의를 들었다. 책 쓰기 특강을 듣기도 했다. 책과 강의에서 배운 대로 목차를 구성하고 한 꼭지씩 원고를 썼다. 처음 쓰는 원고를 초고라고 부른다. 책 초고를 쓰기 위해서는 많은 사람이 알고 있는 것처럼 한글 프로그램 글자 크기 10, 자간 160% 기준으로 최소 1.5~2장 이하 분량을 채워야 한다.

평소 글을 쓰는 사람도 이 분량을 채우는 게 어렵다. 나도 여전히 초고 쓰기 전 어떻게 써야 할지 먼저 기획한다. 여기서 기획은 거창한 게 아니다. 어떤 주제로 쓸지, 그 주제를 뒷받침할 근거, 경험 등이 무엇이 있는지, 어떤 구성으로 글을 전개할지, 독자에게 이 주제를 통해 어떤 메시지를 줄 수 있는지 등을 한 번 고민하고 빈 종이에 적어본다.

〈모멘텀〉원고를 쓸 때 이 방법을 사용했다. 처음이라 기획하는 작업도 2시간 이상 걸렸다. 기획이 끝난 후 실제 초고 작성하는 시간도 4시간이 넘게 걸렸다. 하루에 약 6시간 이상 글쓰기에 투자했다. 누군가 하루 종일 시간이 남아돌아 그렇게 투자할 수 있는 게 아니냐고 물어볼 수 있다.

그 당시에도 지금처럼 주중 낮에는 8시간 이상 회사에서 일했다. 퇴근 후 아내의 가사와 육아를 도와주고 나면 밤 9시가 넘었다. 그때부터 온전하게 작은 책상에 쪼그려 앉아 원고 작업에 돌입했다.

〈모멘텀〉원고 쓰면서 글 쓰는 습관을 장착해야겠다고 마음먹었다. 무엇이든 반복해야 익숙하고 성장할 수 있다. 그렇게 하기 위해서는 뭐든 습관으로 만들어야 가능하다. 어떻게 하면 글쓰기 습관을 기를 수 있을까? 그 방법을 한번 소개한다.

첫째, 정해진 시간에 써야 한다. 어떻게 보면 가장 쉬울 수 있지만, 반대로 가장 어려운 방법이다. 하루 24시간은 누구에게나 공평하게 주어진다. 이 시간 안에서 정해진 시간에 매일 글을 쓸 수 있다면 습관은 쉽게 만들 수 있다. 자신이 가장 편하게 쓸 수 있는 시간을 정하

자. 새벽도 좋고, 밤늦은 시간도 상관없다.

둘째, 매일 조금씩 쓰자. 이 방법이 글쓰기 습관을 가장 빠르게 만들 수 있다. 운동과 마찬가지로 매일 조금씩 하면 어느 순간 글쓰기가 익숙해진 자신을 만나게 된다. '작가'라는 명사가 되기 위해서는 매일 '쓴다'라는 동사에 집중하자.

셋째, 목표를 정한다. 책 쓰기를 통해 출간 작가가 될지, 매일 또는 일주일 3회 이상 자신의 SNS에 글을 꾸준하게 올릴지 등 자신이 할 수 있는 목표를 정해보자. 목표가 있으면 방향이 정해진다. 방향성이 생기면 그 목표를 달성하기 위해 매일 쓸 수 있다. 반복하면 습관이 된다.

넷째, 책을 읽고 자신 생각을 계속 쓰자. 쓰는 사람의 독서는 전체 한 권을 읽는 게 아니라, 그 책의 일부 구절이나 문장, 한 단어를 고른다. 선택한 문장이나 구절, 단어에 대한 자신 생각을 적어본다. 이 방법으로 나는 글쓰기 습관을 장착할 수 있었다. '남의 글 + 나의 생각' 구성 방식이다.

다섯째, 완벽하게 쓰겠다는 마음을 버리자. 이 글을 완벽하게 쓰자고 마음먹으면 오히려 한 편의 글을 쓸 수 없다. 부담 없이 편안하게 독자를 돕는다는 마음으로 어떤 글이라도 쓰자. 그렇게 하루하루 지나면서 글이 쌓이다 보면 글쓰기 습관이 자연스럽게 장착된다.

〈모멘텀〉 원고를 쓰면서 블로그에 매일 한 편의 글을 올리기 시작했다. 아무리 졸려도 반복했다. 그렇게 한 달이 지나니 글 쓰는 습관이 형성되었다. 밥 먹고 양치하듯이 글쓰기도 나의 루틴이 되었다. 그 루틴을 반복한 지 10년이 되었다. 이제는 아무리 바빠도 어떠한 형태로 글 편을 쓰고 하루를 마무리 한다.

글쓰기 덕분에 힘들고 지친 일상에 힘을 낼 수 있었다. 인간관계나 업무로 힘들 때마다 내 감정을 알아차리고 솔직하게 글로 옮겼다. 글을 쓰다 보면 올라왔던 감정이 가라앉는다. 그 상황이나 현상을 객관적으로 보면서 내 반응을 좋은 쪽으로 바꾸고 있다. 위에 소개한 5가지 방법으로 글쓰기 습관을 만들어보자. 습관이 결국 당신을 근사한 작가로 만들어준다.

독서 습관 쉽게 가지는 법, 그딴 건 없지만

나에게 30대는 질풍노도의 시기였다. 사춘기도 아닌데 방황이 계속되었다. 대학에서 전공을 살려 일을 하고 있지만, 일을 하면서도 불평불만의 연속이었다. 하기 싫은 일을 억지로 하다 보니 즐겁지 않았다. 자꾸 다른 일을 하고 싶었다. 정작 내가 무엇을 좋아하는지도 모른 채 계속 헤매고 다녔다.

내가 선택한 일이니 그래도 욕은 먹지 않기 위해 최선을 다했다. 다행히도 21년째 이 업으로 밥은 먹고 산다. 다만 그 시기에는 정말 괴로웠다. 내가 하고 싶은 것을 찾기 위해 노력했지만, 또 업을 바꾼다는 것 자체가 쉽지 않았다.

그 당시 나의 무의식은 "이 일을 계속 하는 것이 어떤 의미가 있을까?", "열심히 해도 되지 않을 거야." 등 부정적인 사고로 가득했다. 내가 생각하는 것이 현실이 된다는 사실을 몰랐다. 몇 년간 그렇게 살다 보니 정말 내 인생은 시궁창에 빠졌다. 거기서 빠져나오기 위해 다시 책을 손에 들었다. 어린 시절 힘들 때마다 나에게 구원의 손길을 건네준 도구가 책이었다.

사실 나도 지금처럼 매일 읽지 못했다. 어린 시절에는 재미가 있어 수시로 책을 손에서 놓지 않았다. 청소년 시절부터 입시 위주의 독서만 하다가 성인이 되고 나서는 무협지나 판타지 소설만 읽었다. 취업하고 나서는 그마저도 읽지 않았다. 어쩌다 베스트셀러가 나오면 1년에 3~4권 읽는 것이 전부였다.

다시 책을 한동안 어떻게 읽어야 할지 감이 오지 않았다. 무식하게 한 권을 펴고 자기 전 30분 정도 읽기 시작했다. 주말에는 4~5시간 정도 도서관에 자리 잡아 무조건 한 권을 다 읽을 때까지 일어나지 않았다. 그렇게 독서 습관을 만들기 위해 노력했다.

요새 출판계가 어렵다는 소식을 들었다. 그만큼 책을 읽지 않는 사람이 많다는 증거다. 물론 보여 주기 식의 SNS 문화로 인해 독서 인구가 조금씩 늘고 있다고 하니 다행이라고 생각한다. 독서하지 않는 사람에게 왜 그런지 물었더니, 책을 읽는 데 집중하는 것이 힘들다고 말한다.

위에서 밝힌 것처럼 나도 다시 생존 독서를 하면서 독서에 집중하기 어려웠다. 이렇게도 해보고 저렇게도 해봤지만, 나의 시선에서 가장 쉽게 독서 습관을 만드는 방법은 아침에 일어나서 30분, 자기 전 30분 독서였다. 이마저 어렵다면 기상 후 10분, 자기 전 10분 정도 3~4페이지라도 읽으면 쉽게 집중도 되고 독서에 재미를 붙일 수 있다.

주중에는 일을 하다 보니 아침에 일어나서 30분 독서, 자기 전 30분 독서를 병행하고 있다. 매일 하려고 노력하지만, 약속이나 다른 개인적인 일이 겹치면 최소한 10분 독서 라도 하려고 한다. 출장 등 어디 이동할 때는 항상 책을 들고 다닌다. 지하철에서도 최소 15분 이상 독서한다.

책을 읽으면 왜 좋은지 모두 알고 있다. 책을 읽게 되면 생각하게 된다. 한 문장이나 구절을 읽으면 왜 그렇게 썼는지 한번 질문을 던진다. 그 질문에 대한 답을 찾기 위해서 뇌가 작동하기 시작한다. 자신만의 가치관이나 살아온 인생 환경 등에 따라 답은 달라진다. 정답은 없다. 자신에게 맞는 해답을 찾는 도구가 책이다. 나도 책을 읽으면서 이것저것 생각하다 보니 인생에 대해 많이 배울 수 있었다.

하루 30분 독서가 어렵다면 기상 후 10분, 자기 전 10분 독서를 꼭 해보자. 10분 독서도 처음에는 집중하기 힘들다. 마음 편하게 책을 펼치고 10분만 집중해서 정독하자. 3~4페이지만 읽어도 충분하다. 거기에서 찾은 문장 하나를 적고 나서 사색하자. 이렇게 하면 독서 습관은 충분히 장착할 수 있다. 지금 당장 텔레비전을 *끄*고 책 하나 들고 10분이라도 읽어보자.

책은 당신의 인생을 바꿀 수 있는 가장 강력하고 간단한 무기다. 지금 힘든 당신, 책을 만나자!

율곡이 말하는 8가지 나쁜 습관

조선 중기에 퇴계 이황과 쌍벽을 이루는 최고의 유학자 율곡 이이 는 그 천재성에 걸맞게 20대부터 학문으로 이름을 날렸다. 어머니 신 사임당의 가르침과 본인의 재능, 노력이 합쳐지기도 했지만 자기관 리에 특히 능했다. 율곡이 지은 "격몽요결"에 보면 자신의 인생을 망 치는 8가지 나쁜 습관을 소개하고 있다. 오늘은 이 8가지에 대해 소 개하고, 내 생각을 정리해 본다. 물론 나도 나쁜 습관이 있어 같이 점 검하는 차원이다.

1) 일하지 않고 놀 생각만 하는 것

20대 후반부터 시작했던 도시계획 설계일이 너무 힘들었다. 잦은

야근과 철야근무, 발주처의 갑질, 상사의 괴롭힘 등으로 정말 일하지 않고 놀고 싶었다. 4년간 버티다가 더 이상 참을 수 없던 31살 여름 과감하게 사표를 냈다. 두 달 동안 원 없이 집에서 뒹굴고 여행도 다니며 놀았다. 하지만 마음이 허무했다. 돈이 떨어져 가니 불안했다. 놀 생각만 한다는 것이 어리석었다. 다시 일을 시작했다. 사람은 누구나 자신의 일을 하나쯤 가지고 있어야 한다. 일을 하고 남는 시간에 노는 것이 현명하다.

2) 할 일 없이 하루를 허비하는 것

열심히 일하고 하루 종일 쉬는 행동은 아주 좋은 것이다. 다만 365일 동안 자기 일은 하지 않고 빈둥빈둥 지내는 일은 삼가야 한다. 사람은 무릇 할 일을 하나라도 챙겨서 하루 24시간을 알차게 보내야 할 의무가 있다. 나이가 들어가며 시간의 소중함을 알고 있다. 오늘부터라도 작은 일이라도 좋으니 시간을 낭비하지 말자.

3) 자기와 같은 생각을 하는 사람만 좋아하는 것

자신과 같은 생각을 가진 사람만 가까이 하고, 의견이 다르다고 멀리하는 행동을 삼가야 한다. 나에게 쓴 소리를 하는 사람도 곁에 두어야 인생이 발전할 수 있다.

4) 사람들의 칭찬을 받으려고 헛된 말과 글을 쓰는 것

나도 반성해야 할 첫 번째 항목이다. SNS에 글을 쓰며 사람들의 칭찬을 받고 싶었다. 그렇게 행동하지 않으면서 헛된 글을 썼는지 한번 돌아보고자 한다. 남에게 잘 보이기 위한 게 아니라 자신을 돌아보기 위해 글을 써야 한다.

5) 풍류를 핑계로 인생을 허비하는 것

음주가무를 좋아했다. 2030 시절은 거의 매일 술을 마시고 놀았다. 퇴근하고 밤늦게까지 풍류를 즐겼다. 지금 생각하면 그 시간을 허비했다는 것에 아쉬운 생각은 든다. 하지만 그 시간이 있었기에 다른 사람들의 인생을 좀 더 공감하고 이해할 수 있게 되었다. 다만 너무 자주 풍류를 즐기는 행위는 삼가야 한다.

6) 돈만 목표로 삼아 살아가는 것

자본주의 사회에 지금은 돈이 최고의 가치가 되었다. 돈을 목표로 삼아 살아가는 사람도 많아지고 있다. 나 또한 그중의 하나다. 다만 너무 돈만 보고 살아가다 보면 꼭 한 번쯤 낭패를 보기 쉽다. 돈도 중요하지만, 그 이상의 가치를 같이 추구하는 것이 합리적이다.

7) 남의 성공을 부러워하고 열등감을 느끼는 것

타인과 비교하지 말아야 하는데, 여전히 남의 성공을 부러워한다. 각자 가진 성향과 재능이 다르다. 내가 할 수 있는 것만 신경쓰자. 어제의 나와 비교하여 오늘 조금 더 나아졌다면 그게 가장 큰 성장이다.

8) 절제하지 못하고 돈 등을 탐하는 것

나이가 들면서 가장 고쳐야 할 부분이 바로 절제라고 생각한다. 나도 여전히 여러 방면에서 절제가 잘 되지 않을 때가 있다. 다시 한 번 점검하고 고쳐나가는 노력을 하고자 한다.

돌아보니 여전히 나쁜 습관을 많이 가지고 있다. 율곡은 이렇게 8가지 나쁜 습관을 나열하면서 고치기 위해서는 단칼에 잘라내야 한다고 주장했다. 머리로는 이해하지만 행동은 쉽지 않다.

나도 가진 나쁜 습관을 버리기 위해 부단히 노력했지만 번번이 허사로 끝났다. 결국 그 습관을 없애기 위한 내 의지가 약했고, 절실함이 부족했던 탓이다. 남은 후반부 인생의 성장과 성공을 위해서 나쁜 습관을 고치는 일부터 시작하고자 한다. 이 글을 읽는 여러분도 8가지 항목을 체크해 보고 자신이 가진 나쁜 습관을 고쳐보면 어떨까?

인내력을 습관으로 바꾸는 4가지 법칙

예전보다 많이 나아졌지만 지금도 가끔 누가 뭐라 하면 참지 못하고 대꾸한다. 2·30대 시절은 인내력은 거의 바닥이었다. 잘 참지 못해 실수도 많이 했다. 11년 동안 글을 쓰면서 그나마 없던 인내심이 생기고 있다. 오늘은 나폴레온 힐의 〈놓치고 싶지 않은 나의 꿈 나의 인생〉에 나오는 참을성, 즉 인내를 습관으로 바꾸고 단련할 수 있는 4가지 원칙을 소개하고자 한다.

1) 명확한 꿈과 목표를 가질 것 (불타는 소망과 열정 수반 전제)

11년 전 다시 살기 위해 책을 읽으면서 남을 도와주고 싶은 마음에 글을 쓰는 작가가 되고 싶었다. 내 인생 처음으로 절실하게 가져본 명확한 꿈과 목표였다. 내 가슴 속에서 뭔가 뜨거운 열정이 막 솟아올랐다. 이전까지 영어나 기술사 시험 등등 하고 싶은 것에 도전했지만 중도에 포기했지만, 작가가 되고 싶은 꿈은 반드시 이루고 싶었다.

2) 명확한 세부 계획을 세워 조금씩 실행할 것

작가의 꿈을 이루기 위해 매일 조금씩 글을 썼다. 직장일과 집안일을 제외하고 모조리 글을 쓰는 데 시간을 투자했다. 처음에는 한 두 줄 쓰는 것도 힘들었다. 계속 쓰다 지우다 반복했다. 글쓰기가 점점 싫어진다. 포기하고 싶었다. 그래도 참고 매일 한 줄만 더 쓰자 라는 마음으로 계속 밀고 나갔다.

3) 자신의 발전이나 성장에 방해되는 타인의 의견을 무시할 것

글을 쓰고 책을 내고 싶다고 주변 사람들에게 말했다. 그들의 반응은 하나같이 이랬다.

"네가 책을 내면 손에 장을 지진다. 네 일이나 똑바로 해! 웃기고 있네."

그것을 듣고 한동안 의기소침했다. 정말 글을 못 쓰는데, 허황된 꿈을 꾸는 것은 아닌지 매일 고민했다. 그래도 꼭 이루고 싶은 꿈이기에 그들의 말을 한 귀로 흘리고 내 일에만 집중했다. 시간이 지나고 책이 출간되고 나서 그들에게 보여주었더니 칭찬 한마디 없다. 이후로 그들이 뭐라 하면 철저하게 무시했다.

4) 자신의 계획과 목표를 지지하고 찬성하고 항상 용기를 주는 친구를 만날 것

포기하고 싶은 순간이 많았지만 그래도 끝까지 글을 쓰고 책을 쓸 수 있었던 비결은 바로 나와 같은 꿈을 가진 사람들의 지지 때문이다. 독서와 글쓰기를 좋아하는 동료 작가, 친구, 지인들이 항상 용기를 불어넣어 주었다. 같은 꿈을 가진 사람들이 모이면 좋은 에너지가 더 커져 서로 시너지를 낼 수 있다. 지금도 부족한 책이지만 칭찬을 해 주시는 그들 덕분에 행복하다.

위의 4가지 원칙을 늘 곁에 두고 읽었다. 읽고 또 읽으면서 포기하고 싶은 마음을 계속 참았다. 정말 말 그대로 내 인내심이 습관으로 바꾸고 단련되어 갔다. 읽고 쓰는 삶을 영위하고 있는 지금은 예전보다 확실히 참을성이 많이 생겼다. 이 글을 읽고 있는 여러분도 위의 4가지 원칙으로 인내력을 습관으로 바꾸어 보는 것은 어떨까? 인내가 결국 성공을 만들 수 있다.

중년 이후 글쓰기 습관을 가지기 위해
필요한 5가지 방법

마흔 이후 중년이 되면 지금까지 살아온 나의 인생을 한번 돌아보게 된다. 젊은 시절처럼 내가 원하는 대로 성과도 내고 했지만, 나이 들면서 인생은 원하지 않는 방향으로 흘러간다는 사실도 깨닫게 된다. 이젠 살아온 날보다 살아갈 날이 점점 적어진다. 그만큼 시간이 소중해진다. 그 시간을 잘 보내기 위해 노력한다. 지나간 시간을 기억하고 싶지만 점점 희미해진다.

좋았던 추억, 아팠던 기억을 잡기 위해서 오래 간직하기 위해서는 반드시 기록이 필요하다. 사진도 있지만, 글로 옮기면 추억과 기억에 대한 내 감정도 오롯이 남는다. 중년 이후 글쓰기는 지나온 내 기억을 정리하고, 앞으로 남은 나의 인생을 남길 수 있는 유일한 도구다.

나는 중년이 된 사람을 만나면 무조건 오늘부터 한 줄이라도 글을 쓰라고 권한다. 5줄 이상 못 쓰던 내가 글쓰기를 통해 인생에 대해 많이 배우고 있다.

내 이야기나 강의 듣고 나서 글쓰기 하고 싶다는 사람이 더러 있다. 그런데 막상 시작하려고 하니 막막하다. 어떻게 시작해야 할지, 무엇을 써야 할지 감이 안 잡힌다. 그래도 배운 대로 무조건 일단 쓰라고 하니 한번 시도한다. 시작하는 자체가 대단한 것이다. 강의만 듣고 나도 써봐야지 하지만, 막상 실행에 옮기는 사람은 적다.

글쓰기를 한 번이라도 시작했다면 계속 쓰기 위해서는 습관을 들이는 게 가장 좋다. 습관은 어떤 분야든지 계속하게 하는 힘을 준다. 글쓰기 습관을 가지기 위해 필요한 방법에 대해 알아본다.

첫째, 작은 목표부터 설정하자. 30분 또는 1시간 시간을 정해놓고 현재 내가 쓸 수 있는 분량이 얼마나 되는지 체크하자. 부담이 없어야 계속 쓸 수 있다. 예를 들어 30분 내 5줄이 지금 내가 쓸 수 있는 분량이라고 판단되면 한 달 동안 5줄만 쓰자. 분명히 20분 내로 5줄은 금방 쓰게 된다. 처음에는 내가 부담되지 않는 분량과 시간으로 시작하자.

둘째, 매일 같은 시간에 쓰는 연습이 필요하다. 새벽도 좋다. 자기 전도 좋다. 자신이 글을 쓰기에 가장 편한 시간을 미리 계획하자. 무슨 일이 있어도 그 시간에는 글을 써야 한다. 이렇게 한 달 정도 매일 같은 시간에 쓰면 익숙해진다. 루틴이 생긴다.

셋째, 자신이 가장 편하게 쓸 수 있는 공간을 찾자. 글쓰기에 적합한 장소를 구하거나 찾는 것이다. 커피숍이 좋다면 자신만의 자리도 정하자. 나는 집에 있는 내 책상에서 글을 쓸 때 지금은 편하다. 같은 시간에 같은 공간에서 쓰는 연습이 가장 좋다.

넷째, 조금이라도 매일 쓰자. 매일 쓴다는 개념은 꼭 블로그 등 SNS에 하나씩 긴 글을 쓰자고 말하는 게 아니다. 다이어리에 2~3줄 오늘 할 일을 적거나 무슨 일이 있었다고 감정을 기록하는 것도 쓰는 행위다. 매일 조금씩이라도 어떤 형식이라도 좋으니 기록하자.

다섯째, 나만의 보상을 실천하자. 조금이라도 썼다면 나 자신을 칭찬해준다. 일주일 동안 5개 이상의 글을 썼다면 맛있는 음식을 먹어도 좋다. 글을 쓰면서 하나씩 쌓아갈 때마다 자신에게 보상해주면 더 동기부여가 된다.

위 5가지 방법으로 중년 이후에는 자신만의 글쓰기를 시작하자. 글을 쓴다는 것이 대단한 일이 아니다. 누구나 자신만의 스타일로 글을 쓰면 된다. 당신이 쓴 글에 누가 뭐라고 폄하하거나 잔소리해도 무시하자. 닥치고 쓰면 된다. 당신이 그렇게 쓴 글 중 하나가 어떤 사람에게 도움이 된다. 그런 경험을 많이 했던 나이기에 믿어도 좋다.

중년의 시간은 청년의 시간보다 더 빠르게 흘러간다. 2024년 실직과 사기 등으로 참 힘들었지만, 어떻게 버텼는지 모르겠다. 그래도 매일 조금씩 쓰다 보니 마음도 잘 추스르고 일희일비하지 않고 1년을 살아왔다. 오늘부터라도 당신만의 글쓰기 습관을 한번 길러보자. 매일 쓰다 보면 글쓰기의 흥미를 느낄 수 있다. 뭐라도 좋으니 당장 한 줄이라도 적어보길 희망한다.

버려야 할 글쓰기 습관 3가지

11년째 매일 조금씩 글을 쓰고 있다. 글이 잘 써지는 날도 있지만, 그렇지 않은 날이 더 많다. 무엇을 써야 할지 글감을 찾는 것도 시간이 지나면서 더 어렵다. 예전에 쓴 글과 겹치지 않기 위함이다. 그래도 어떻게든 칸을 채워보려 애쓰다 보면 글감이 떠오르기도 한다. 그렇게 첫 문장을 시작하면 그 다음 문장을 쓰기가 수월해진다.

이렇게 쓴 글이 블로그에 봤더니 약 7,000개가 넘었다. 일상, 후기, 단상, 리뷰, 에세이, 정보성 글 등으로 다양하게 써보려 노력했다. 이 중에 잘 쓴 글을 모아 책으로 내기도 했다. 지금도 블로그에 매일 글을 쓰는 이유는 많지 않더라도 필요한 사람들에게 도움이 되고 싶어서다. 그리고 계속 이렇게 쓴 글이 모이면 전자책이나 종이책으로 엮어서 출간하기 위함이다.

글을 쓰기 시작하여 익숙해지면 사람마다 자신의 고유한 글쓰기 습관이 생기기 마련이다. 나도 나만의 글쓰기 습관이 생겼다. 좋은 것도 있지만 나쁜 습관도 있다. 오늘은 글쓰기 습관 중에 버려야 할 습관 3가지를 소개해본다.

1) 어려운 단어, 전문용어는 쓰지 말자

〈땅 묵히지 마라〉 초고를 쓰고 나서 한 출판사와 계약하고 나서 들은 첫 마디가 이거였다.

"어려운 단어와 전문용어는 독자가 쉽게 이해할 수 있는 다른 단어로 바꾸세요. 고유명사나 법적 용어를 제외하구요."

회사에서 땅(토지) 활용 검토 일을 하는 나는 오랫동안 땅에 대한 어려운 용어에 익숙했다. 나도 모르게 원고를 쓸 때 독자도 당연히 안다고 생각하고 그 용어를 그대로 썼다. 또 어려운 단어를 쓰면 당연히 세련되고 멋지게 보이는 줄 알았다. 기우였다. 오히려 13~15살 아이도 쉽게 이해할 수 있는 간결하고 쉬운 단어로 바꾸는 것이 더 좋다.

2) 문장은 짧게 쓰자

글을 쓰다 보면 은연중에 문장이 길어지는 경우가 많다. 문장이 길어지면 가독성이 떨어진다. 독자가 읽을 때 긴 문장을 따라가다 보면 지치기도 한다. 읽고 나서도 무슨 내용인지 한 번 더 생각할 때가 있다. 최대한 주어+목적어+서술어만 남기고 짧게 쓰는 연습을 하자.

3) 내 생각을 완벽하게 정리하고 나서 글을 쓰지 말자

많은 사람들이 글을 쓰기 전에 준비를 완벽하게 끝내고 써야 한다고 생각한다. 나도 처음에 글을 쓸 때 그랬다. 글감을 찾아 완벽하게 어떻게 써야할지 고민했다. 그렇게 몇 시간을 보내고 나면 한 줄도 못 쓰는 날이 부지기수였다. 생각나는대로 일단 쓰자. 완벽하게 정리가 되지 않았더라도 상관없다. 50% 정도만 되었더라도 우선 양을 채우자. 초고를 완성하고 그때부터 고치면서 완벽을 기해도 늦지 않다.

이 외에도 버려야 할 글쓰기 습관이 있지만 개인적으로 가장 중요하게 생각하는 3가지를 소개했다. 나도 여전히 잘 쓴다고 생각하지 않기 때문에 매일 쓰면서 나쁜 글쓰기 습관을 버리려고 노력한다. 이 글을 읽는 여러분도 한번 위 3가지 습관에 해당하는 것이 있다면 오늘부터 고쳐보도록 하자. 글을 잘 쓰는 방법을 많이 물어보지만 정답은 하나밖에 없는 듯하다. 일단 생각나는 대로 닥치고 매일 조금씩 쓰는 것. 오늘도 글쓰기 좋은 밤이다.

책을 싫어하는 사람이 독서 습관 기르는 방법

하루에 무슨 일이 있어도 거르지 않는 습관이 두 개 있는데, 바로 독서와 글쓰기다. 아무리 못해도 5페이지 내외의 독서와 최소 한 두 줄의 글쓰기는 거르지 않으려고 한다.

우리나라 성인의 1년 평균 독서량은 2023년 기준 평균 8.3권이다. 1년 열 두 달은 기준으로 해도 한 달에 1권도 읽지 않는 셈이다. 독서를 통해 인생의 변화를 경험한 사람으로 책을 싫어하는 사람들에게 한번쯤은 읽어보라고 가끔 권하기도 한다. 그럼 어떻게 독서 습관을 기를 수 있는지 내 기준에서 한번 적어보려 한다.

1) 자기에게 맞는 책을 골라서 읽는다.

독서를 싫어하는 사람에게 무작정 베스트셀러 등 좋은 책이라고 권해도 읽지 않는 게 다반사다. 한번 어떤 책을 좋아하는지 물어보고, 비슷한 장르의 책 몇 권을 추천해준다. 그래도 한권쯤은 자기에게 맞는 책은 분명히 있다. 본인 스스로 맞는 책이라고 선택했기 때문에 조금이라도 읽기 시작한다. 이것이 책을 읽는 시작이라고 생각한다. 만화책이 자기에 맞는다면 그거라도 보는 것이 좋다.

2) 하루에 조금씩이라도 읽는다.

어떤 일이든 처음에는 마음먹고 시작하지만, 중간에 흐지부지 되는 경우가 많다. 그 이유는 한 번에 뭔가를 다 하려고 하는 욕심 또는 조급함에서 온다. 책도 단숨에 한 권을 다 읽을 수 있지만, 그렇지 않는 경우가 더 많다. 하루에 한두 장을 읽는 것을 목표로 하여 조금씩이라도 하는 것이 중요하다. 이렇게 조금씩 읽다보면 자기도 모르게 습관이 되어 읽는 속도도 빨라지고 양도 늘어난다.

3) 한 권을 꼭 다 읽지 않아도 된다.

독서를 싫어하게 되는 계기가 꼭 한권 전체를 다 읽어야 한다는 강박관념에서 비롯된다. 나 역시도 처음에는 꼭 한권을 다 읽어야 온전한 독서를 한다고 생각했지만, 그것이 오히려 올가미가 되어 한동안 책을 멀리 한 적도 있다.

그 책에서 자기가 좋아하고 관심이 가는 챕터만 찾아서 정독하여 저자가 말하는 의도를 파악해도 다 읽었다고 볼 수 있다. 일단 읽을 때 재미가 있어야 집중도 된다. 자기가 좋아하는 구절이나 문단을 찾았으면 그 몇 장이라도 제대로 집중하여 읽는 것이 더 좋다. 꼭 완독해야 하는 생각을 버리면 독서는 즐거워진다.

나는 다시 책을 읽기 시작했을 때 이 세 가지 방법을 자주 썼다. 일단 무엇이든 처음에는 나한테 잘 맞고 재미가 있어야 관심이 간다. 자기계발서와 에세이 장르를 좋아하다 보니 이런 책 위주로 읽기 시작했다. 그리고 하루 분량을 정하여 조금씩 매일 읽었다. 내가 좋아하는 챕터는 정독했다. 그것보다 덜 관심이 가는 페이지는 속독을 통해 흐름만 파악했다.

그렇게 한 권을 다 읽으면 이 책을 통해 내 인생에 어떻게 적용하고 실천할 수 있을지 고민했다. 더 나아가 독후감, 서평 등을 통해 기록을 남기기도 한다. 적어도 독서가 인생을 다시 살게 하거나 변화하고 싶을 때 도와줄 수 있는 가장 기본적인 무기이다. 위에 소개한 나의 방법들도 참고하여 오늘이라도 한 줄씩 읽어보는 것은 어떨까?

글쓰기의 4가지 루틴

많은 사람들이 글을 쓰고 싶어 하지만 조금 하다가 그만두는 경우가 많다. 처음에는 쓰고 싶은 마음은 있지만 무엇을 써야 할지 몰라서 망설인다. 또 자신이 쓰는 글을 아는 사람이 볼까봐 두려운 마음에 선뜻 나서지 못하기도 한다.

이런 사람들에게 나는 글 쓰는 사람은 뻔뻔해 져야 한다고 먼저 이야기한다. 다른 사람의 생각과 시선에서 멀어져야 한다. 일일이 다 신경 쓰다 보면 한 줄도 쓰지 못한다. 나만의 글을 솔직하게 풀어내면 그만이다. 또 아래 4가지 루틴을 장착할 수 있으면 매일 쓸 수 있다고 자신 있게 말할 수 있다.

1) 시간 (언제 쓸 것인가?)

하루 24시간은 누구에게나 공평하다. 일상생활을 제외하고 자신이 편하게 쓸 수 있는 시간을 먼저 확보하자. 새벽 시간도 좋고, 밤늦은 시간도 괜찮다. 자신의 루틴대로 알맞은 시간을 선택하면 된다. 나는 그 날의 컨디션에 따라 새벽이나 밤늦은 시간 중 상황에 맞게 골라서 글을 쓰고 있다.

2) 장소 (어디서 쓸 것인가?)

시간을 정했다면 글 쓰는 공간을 확보하는 것이 두 번째 일이다. 나는 내 방에 있는 책상에 앉아서 주로 쓴다. 가끔 업무 출장이나 강의 등으로 밖에 나가게 되면 카페를 주로 이용한다. 대부분이 아마도 자신의 집이나 카페 등을 많이 활용할 것이다. 자신이 가장 편하게 쓸 수 있는 글 쓰는 공간을 찾아보자.

3) 분량 (얼만큼 쓸 것인가?)

내가 생각할 때 매일 글을 쓸 수 있게 하는 가장 중요한 부분이다. 사람들이 보통 자신이 얼마나 써야 할지 정해놓지 않고 쓰기 때문에 글을 완성하지 못하는 경우가 많다. 시간과 공간을 확보했다면 자신이 정말 쓸 수 있는 분량을 먼저 정하고 쓰기 시작하자. 하루 5줄만 쓰겠다고 정했으면 딱 그만큼만 쓰자. 분량을 정하면 글쓰기의 부담이 사라진다.

4) 태도 (어떤 마음으로 쓸 것인가?)

마지막으로 글을 쓰는 태도이다. 예전에는 남을 비방하는 글도 많이 썼다. 내 마음과 감정이 편치 않은 적이 많다. 글이라도 써야 분이 풀렸다. 하지만 이렇게 좋지 않은 감정으로 쓰게 되면 완성된 글에서도 그 분위기가 확 드러난다. 읽는 독자들도 인상이 찌푸리게 되는경우를 보게 되었다. 그 뒤로 나쁜 글은 쓰지 않으려고 한다. 타인의 문제점을 해결하거나 위로를 줄 수 있는 선한 마음을 가지고 쓰려고 노력중이다. 그것이 내 글을 읽는 독자들에 대한 예의라고 생각한다.

나는 이 4가지 루틴으로 지금까지 글을 쓸 수 있었다. 위에 소개한 4가지 루틴을 오늘부터 장착해보자. 4가지 루틴을 계속 꾸준하게 실천하면 매일 글을 쓸 수 있다고 자신한다. 무엇이든 처음이 어렵지만 계속 시도하다 보면 익숙해진다. 이 글을 읽고 있는 당신의 글쓰기도 같이 응원한다.

03

남편과 아이가 사라지면 연필을 들었다

김미옥 작가

나를 변화시킨 시간을 줍는 습관

처음 시작은 돈이었다. 돈을 벌고 싶어 자격증 공부를 시작했고, 자는 시간을 줄여가며, 연년생 아이들을 키우며 연필을 들었다. 전업주부에게 주어지는 자유 시간은 그리 길지 않다. 아이들이 어린이집에 있는 시간, 남편이 출근한 오전 10시부터 오후 2시까지가 오직 나에게 주어지는 자유 시간이다. 이 시간 동안 자격증 공부와 어질러진 집을 정리해야 한다. 가족들이 지인들이 자격증 공부를 도와줄 거라는, 응원해 줄 거라는 기대는 접어 두는 것이 좋다. 그 기대감은 거대한 실망감으로 다가와 굳은 결심에 균열을 만들기도 하니깐.

공인중개사 시험은 1년에 한 번 있는 시험이다. 1년이라는 시간 동안 공부를 포기해 버릴까 라는 생각이 수없이 찾아온다. 아이들이 감기에 걸리고, 장염에 걸리며 어린이집에 가지 못하면 공부는 멈춘다. 불안과 흔들림의 연속이다. 민법 판례 하나라도 더 읽어 봐야 할 시간에 아무것도 하지 못하는 조급함. 아이들의 웃음소리가 나의 한숨 소리에 가려질 때면 공부 습관은 서서히 사라져 버렸다.

생각의 변화가 필요했다. 1년이라는 시간 동안 수없이 찾아 올 위기의 순간마다 나를 일으켜 세워 줄 무언가가 필요했다. 공백의 시간에 연필을 들어 보기로 했다. 변동이 심한 나의 일상에도 분명 연필을 잡을 수 있는 시간이 존재할 거라고 믿었다. 믿음은 희망으로 다가왔다. 바쁘게 서두르지 않는다면 연필을 드는 것은 어렵지 않은 일이었다. 아이들이 장난감에 시선이 머문 사이 연필을 들었고, 아이들이 낮잠을 즐기는 순간 연필을 들었다. 하루 십분에서 많게는 세 시간 동안 주어지는 시간에 책을 펼치고 연필을 들고 공부를 했다.

주어진 시간을 기다리는 것보다 기다리는 시간을 줍는 것에 생각을 멈추니 매일 연필을 들 수 있었다. 생각을 바꾸니 시간을 줍는 습관이 왔다. 성급한 성격 탓에 뭐든 '빨리빨리'를 외치며 살아왔던 나다. 일의 결과를 당장 확인해야 하고, 주어진 일상이 엇나가면 불안했다. 유연한 삶을 살아내지 못한 나는 자주 생각이 감정이 굳어 버렸다. 포기도 쉬웠다. 환경을 탓하고, 능력을 탓하고, 재능을 탓했다. 세상 탓만 하다 흘려보낸 시간을 후회하는 나를 더 이상 만나고 싶지 않았다.

시간을 줍는 습관은 그리 어려운 일이 아니었다. 천천히 갈 수만 있다면 뭐든 가능한 시간이었다. 알뜰살뜰 줍던 시간이 모여 공인중개사 시험에 합격했다. 나를 변화 시킨 시간을 줍는 습관은 여전히 진행 중이다.

새로운 무엇인가 필요했던 시기

두 아이가 어린이집에 등원하면서 나에게 시간이 주어졌다. 그동안 자주 가지 못했던 미용실에 가서 파마도 했고, 진통제를 먹으면서 참아 왔던 치통의 원인을 알기 위해 치과를 방문해 통증도 해결했다. 그동안 배워보고 싶었던 아이 옷 만들기 재봉틀 수업도 들으며 아이들이 어린이집에 가면서 주어진 시간을 온전히 나를 위해 사용했다.

분명 자유로운 시간과 평온함에 대한 만족감을 느끼면서 생활하고 있다고 생각했는데 어느 순간부터 알 수 없는 감정이 숨을 막았다. 재봉틀로 아이들 옷을 만들고는 있지만 생각은 딴 곳을 향해 있는 것 같았다. 억지 행복을 외치는 메마른 감정이 느껴졌다. 어떤 이유에서인지는 모르지만 나는 잘 지내는 척 보이고 싶었나 보다. 아이들을 어린이 집에 보내 놓고 할 일 없이 빈둥대는 모습을 보이기 싫었다. 집에 놀고 있는 사람이라고 불리기도 싫었다. 나 자신한테도. 남편한테도.

그렇다고 별다른 방법은 없었다. 여전히 집에서 아이들 옷을 수선하고, 작아진 옷들을 잘라서 치마나 원피스로 만들며 시간을 보냈다. 동네 친한 엄마들도 없었다. 하루에 수십 번 들락날락하는 지역 육아카페 글들을 읽으며 헛헛한 마음을 채우려 했다. 육아카페에 올려진 글을 읽다가 나도 뭔가를 하고 싶다는 생각이 드는 문장을 만났다. 아파트 청약에 당첨되었는데 아파트를 매도해야 할지, 무리하게 대출을 받아 그 아파트에 들어가 살아야 할지를 고민하는 어느 주부의 글이었다. 글의 내용은 그저 일반적인 내용이었지만 글 밑에 달린 댓글에는 청약 당첨된 아파트의 프리미엄 피가 몇천이나 붙었으니, 앞으로 조금만 더 가지고 있으라는 말과, 아파트를 매도하면서 1억의 시세차익을 받았다는 내용, 재건축으로 돈을 벌었다는 내용 등등 부동산으로 많은 돈을 벌었다는 댓글들이 있었다.

"뭐지? 부동산으로 돈을 번다고? 부동산은 투기 아니었어?" 나는 이제껏 부동산으로 돈 버는 사람들을 부정적인 시선으로 바라보았다. 재테크에 관심은 있었지만, 부동산으로 재테크를 해야겠다는 생각은 전혀 하지 않았다. 생활비를 아껴 목돈을 모으는 것과 나의 재능으로 소소하게 수익을 내는 것이 전부였다. 신혼집을 구매할 때도 남편이 주로 계약서와 서류들을 준비했었고, 대출 관련 서류와 은행 방문 역시 모두 남편이 처리했기에 집이 어떻게 팔리는지, 어떻게 구매하는지 전혀 알 수 없었다. '부동산 공부를 해볼까.' 인터넷에 검색하기 시작했다. 부동산으로 돈을 버는 방법, 아파트 청약에 당첨되는 방법, 재건축 아파트 구매 방법, 부동산 관련 검색을 해도 도통 무슨 말을 하는지 알 수가 없었다. 청약이 뭔지, 재건축이 뭔지부터 아는 것이 먼저였다. 그렇게 검색을 이어가던 중 발견한 다섯 글자 '공인중개사' 였다.

재건축과 부동산에 관한 내용을 검색하니 공인중개사 시험에 관한 내용이 검색되었다. 부동산에 관련된 자격증인 공인중개사 자격증 취득에 관한 내용들이 많이 있었다. '그래? 부동산 관련 자격증을 취득해 보자!' 나는 부동산 관련 자격증 취득을 목표로 공부하기로 결심했다. 일단 결심만 했다. 공인중개사 시험이 어떤 시험인지? 어떤 과목이 있는지? 시험은 일 년에 몇 번이 있는지? 시험 난이도는? 시험공부 방법은? 공인중개사 자격증을 취득하는 방법들을 검색하기 시작했다.

공인중개사 응시 자격에는 제한이 없다. 누구나 의지만 있다면 시험에 응시 할 수 있다. 원서접수는 보통 8월 10일 이후 10일 정도 기간이다. 시험은 대부분 10월 마지막 주 토요일에 시행한다. 시험 과목은 1차 2차로 나뉘고 총 6과목이다. 1차 시험 2과목 부동산학개론, 민법, 2차 시험 4과목 공인중개사 중개 실무, 공법, 공시법, 세법 이다.

매 과목 100점 만점 매 과목 40점 이상, 전 과목 평균 60점이상이 되

어야 합격한다.

봄의 시작, 나의 공부도 시작되다

사계절 중 봄을 제일 좋아한다. 봄이 가지고 있는 처음, 시작이라는 이미지가 좋다. 겨우내 숨죽여 있던 생명들이 하나둘 살아나면서 봄의 시작을 알린다. 봄이 되면 뭐라도 할 수 있는 생각이 들 만큼 봄이 주는 기분 좋은 생명력을 나는 제일 좋아한다. "올해 공인중개사 시험 준비해 볼까 하는데?" "뭐? 그 시험 어려운데?" 지인들과 식사 중에 공인중개사 시험을 준비해 볼까? 라는 이야기를 했다. 사람들은 말했다. '어려운 시험이다. 떨어지는 사람도 많다.' '붙어도 치킨집만큼 많은 곳이 부동산 중개소이다.' '문 닫는 부동산 중개소가 개업하는 숫자보다 많다.'공인중개사 시험을 준비해 볼까? 라는 생각만을 말했는데 시험에 대한 부정적인 말들이 쏟아졌다. 나 역시 어려운 시험이라는 것을 인터넷 검색으로 이미 알고 있었다. 공인중개사 자격증 취득자도 포화 상태라는 것도.

　준비를 해볼까? 말까를 고민했다. 시간은 흘러갔고, 여전히 고민 속에 살았다. '너는 어떻게 하고 싶은데?' 고민만 한다고 해결될 문제가 아니었다. 할까? 말까? 선택의 순간에 있다면 후회가 덜 되는 선택을 하는 것이 좋다. 답은 이미 정해져 있었고 나는 용기가 필요했다. 시작에 대한 불안한 마음을 없앨 용기가 필요했다. 더 이상 고민할 시간이 없었다. 공인중개사 시험을 목표로 설정했다면 목표를 달성할 수 있는 체계적인 공부 습관이 필요했다.

　공인중개사 시험 과목은 총 6과목으로 1차 부동산학개론, 민법 2차 중개법, 공법, 공시법, 세법이다. 원서 접수부터 시험 당일까지 시간은 기다려 주지 않았다. 고민과 선택의 순간에도 시간은 지나갔다. 공인중개사 시험은 동차 시험을 응시해도 되고 1차만 응시도 가능하다. 동차를 응시하고 그해 1차만 합격하고 2차는 불합격이면 다음 해 1차는 면제 2차 시험만 치면 된다. 동차 응시 시 1차는 불합격 2차는 합격이면 다음 해 다시 1, 2차를 보아야 한다. 동차를 응시할지 1차만 응시할지도 시험 합격 전략을 위해서 필요했다.

　할까? 말까? 고민으로 인해 나에게 주어진 시간이 그리 길지 않았다. 조금은 천천히 가보기로 했다. 먼저 1차만 치고 다음 해에 2차를 치는 전략을 세웠다. 아이들이 어린이집에 있는 다섯 시간 동안이 나의 공부 시간이지만 주부로서 일과 엄마로서의 일도 게을리할 수 없었다. 온전히 공부 시간으로 활용할 수 있는 시간은 세 시간이 전부였다. 아이들이 어린이집에 등원하지 않는 주말이나 휴일 감기 등으로 인한 예기치 못한 시간 역시 생각을 해야 했기에 동차를 응시 하기에는 시간이 많이 부족했다. 조급함을 버리고 천천히 가보기로 했다.

학원, 유료 동영상 강의, 무료 동영상 강의 세 가지의 선택권이 있었다. 학원은 외벌이 가정에서 감당하기에는 금액적인 부분에서 부담이 되었고, 시간 역시 자유롭지 못했다. 유료 동영상은 시간상으로는 자유로웠지만 금액적인 면에서 부담이 되었다. 무료 동영상 강의는 말 그대로 무료로 동영상을 시청할 수 있다. 뭐든 환경에 따라 유연하게 움직이는 연습을 했다. 무리한 변화는 포기를 불러세우기 쉬웠기에. 난 무료 동영상을 보며 공인중개사 시험 준비를 하기로 결정했다. 인터넷으로, 무료로 공인중개사 강의를 해주는 사이트를 검색했고, 인강 드림이라는 사이트에서 나의 첫 공인중개사 자격증 공부를 시작해 보기로 했다. 1차 과목 부동산학개론과 민법 동영상 강의를 들었다. 일주일 동안 6과목의 동영상 강의가 업로드되지만 나는 1차 과목만 공부하면 되었기에 월요일 화요일 업로드 되는 동영상을 보고 수, 목, 금은 책 내용 위주로 공부했다. 무료 동영상 강의 사이트를 노트북 즐겨 찾기에 추가해 놓았다. 아이와 남편이 사라지면 연필을 들기 시작했다. 한 가정의 엄마가 되고 아내가 되면서 나보다는 아이들과 남편 위주로 십여 년 가까이 살아왔다. 만 원짜리 바지 하나 살 때도 여러 번 고민하게 되고 내 옷을 사러 나간 길에 아이들과 남편 옷이 담긴 종이 가방만 양손에 들고 들어온 날들이 많았다.

일단 해보자

어릴 적부터 새로운 것을 시작할 때는 제대로 된 준비가 되어 있지 않으면 쉽게 시작할 수 없었다. 학창 시절 중간고사나 기말고사 공부를 할 때도 내가 원하는 샤프와 연습장, 시원한 비타민 음료가 책상에 놓여 있어야 마음이 안정되었고, 시험공부도 시작할 수 있었다.내가 원하는 시간에, 원하는 물건들, 원하는 위치에, 원하는 분위기와 공기들이 모두 준비되면 그때 서야 나는 출발선에 서서 새로운 도전을 시작한다.

어린아이를 키우는 전업주부가 공부를 시작한다는 것은 많은 용기와 준비가 필요했다. 결혼 전은 나 혼자만의 시간을 쪼개어 공부 계획을 잡았다면, 결혼 후 엄마로서 아내로서 살아내는 삶에서는 온전한 나만의 시간이 여유롭게 주어지지 않는다. 시간을 늘리고 싶다면 자는 시간을 줄이는 방법 외에는 마땅한 방법이 없었다. 온전히 나에게 사용되는 시간이 부족한 만큼, 나에게 사용되는 돈 역시 부족했다. 한 달 생활비 속에 식비와 아이들 교육비 남편의 용돈으로 사라지고 나면 생활비에서 공부를 위해 사용할 수 있는 금액은 없었다. 신혼 초부터 모아 왔던 비밀 통장이 있었지만, 그 돈은 미래를 위한 종잣돈이었기에 없는 돈이라고 생각했다.

중고 사이트에서 공인중개사 교재를 검색해 보았지만, 최신판의 중고 교재는 택배비를 포함하면 새 책과 별 차이가 없는 가격으로 판매되고 있었다. 고득점으로 합격한 수험생의 책, 연필 자국 하나 없는 새 책 같은 중고 책, 변심으로 책을 주문하고 시험을 포기한 책 모두 상태 좋은 책이었지만 가격은 중고 책보다는 새 책이 세일 된 가격 정도로 판매되고 있었다. 큰맘 먹고 새 책을 사 볼까? 생각하다가도 작아진 아이들 외투와 더러워진 신발을 보면서 장바구니에 담아둔 책들을 다시 비워 버렸다. 책을 사지 않고 공부를 할 수 있는 방법은 없을까?

랜드 프로라는 공인중개사 동영상 강의 학원에서 입문서를 무료로 나눠주고 있었다. 이곳 말고도 많은 곳에서 입문서 교재를 무료로 배포하고 있었다. 학원에서 나눠 주는 입문서 교재를 받아 공부해 보기로 했다. 공인중개사 시험을 준비하면서 독학으로 시험을 준비할 거라고는 생각해 보지 않았다. 일 년 동안 준비하는 시험이고, 대부분 부동산 법에 관한 과목들이 대부분인 시험을 동영상 강의만으로 집에서 독학으로 공부한다는 것이 무모한 도전이 될 수도 있다는 생각도 들었다.

내가 할 수 있을까? 오늘도 나는 나에게 질문한다. 돈이 없으면 돈이 없는 대로, 시간이 없으면 시간이 없는 대로, 조언을 해줄 사람이 없으면 없는 대로 일단 해 보기로 했다. 고수는 연장 탓을 하지 않는다고 하지 않았던가. 그 말을 위안 삼아 없으면 없는 대로 일단 해보기로 했다. 생각으로 방법을 찾아보고 안되면 안되는 대로 또 다른 방법을 찾아내면서 나의 상황에 맞는 공부 방법들을 찾아보기로 했다. 부족한 질문에 대한 답변은 온라인 사이트에 있는 질문들을 참고 했다. 불안한 마음이 찾아 올 때마다 자격증을 준비하는 사람들의 마음을 들여다보았다. '전업주부 독학으로 6개월 만에 공인중개사 1차 시험 합격 가능할까요?' 검색을 시작했다. 검색한 내용은 제각각의 답글들이 달렸다. '충분히 가능합니다' '불가능합니다' '한 달 만에 합격했어요' '공부하기 나름이죠' '하루 8시간 이상 공부하면 가능해요' '저는 불합격했어요, 불가능하다고 봐요' 공부도 시작하기 전에 합격 불합격에 관해서 검색했다. 아래로 댓글을 읽다가 시선이 멈춘 문장을 만났다. 더 이상 시험 전까지는 검색하지 않기로 마음먹었다. '이런 질문 할 시간에 민법 판례 하나 더 보세요' 맞는 말이었다. 이럴 시간에 동영상 하나 더 보고, 민법 판례 하나 더 보는 게 시험 합격 확률을 높일 수 있는 제일 나은 방법이었다. 독학으로 하든, 학원 가서 공부하는 것은 중요한 문제가 아니었다. 내가 얼마만큼 절실한 마음으로 공부하는 것이 합격과 불합격을 결정하는 중요한 핵심이었다.

부족한 건 준비가 아니라 용기

아침부터 분주하게 움직였다. 남편과 아이들 아침밥을 주고, 어린이집 등원 가방에 도시락을 넣고 물통을 넣은 다음 밥을 다 먹은 순서대로 아이들 양치와 세수를 씻기고, 옷을 입혀 등원 준비를 해야 했다. 혼자만 분주하게 움직이는 아침 시간. 남편과 아이들은 느릿느릿 세상 편한 아침 시간. 같은 시간 속 다른 세상에 있는 우리 네 사람의 아침 풍경이다. 공인중개사 동영상 강의를 하루 두 과목씩 보고, 복습까지 모두 맞춰야 하기에 아이들이 벗어놓은 옷가지들과 아침 식사로 쌓여있는 설거지 정도는 해결해 놓아야 공부 시간 확보가 가능했다. 세 사람은 이런 나의 상황을 아는지 모르는지 여전히 느긋한 행동으로 나의 인내심을 테스트하는 것으로 보였다. 아침에는 최대한 기분 좋은 얼굴로 남편을 배웅하고 아이들을 등원시키는 것이 나의 신조이기도 했기에 아침에는 웬만하면 소리를 지르거나 인상을 구기지 않는다. 예전과 다를 것 없는 아침 시간이었지만 세 사람의 행동이 나의 인내심 게이지를 높이고 말았다. 아이들은 여전히 밥그릇의 밥을 먹는 둥 마는 둥, 남편은 스마트폰을 보는지 밥을 먹는지 알 수 없었다.

'그냥 마음을 비우자.' 세 사람에게 오늘부터 공부를 시작해야 하니깐 협조 좀 해달라는 이야기를 할 수 있을 만큼 나의 공부가 세 사람에게는 중요하지 않았다. 공인중개사 공부를 시작한다는 말을 들은 남편은 주부로서 일과 엄마로서 일에 문제가 되지 않게 공부하기를 원했다. 시간은 내가 스스로 만들어야 했다. '다른 누구는 학원도 남편이 등록해 줬다는데.' '주말에 독서실에 가서 공부한다는데.' '집안일과 애들 걱정은 하지 말고 공부만 하라는데.' 공인중개사 시험에 관한 정보를 검색하다 만나는 글들에 마음이 자주 흔들렸다. 부럽기도 했다. 가끔은 그렇게 하지 못하는 나에게 화가 나기도 했다.

아이들과 남편이 집에서 사라지면 나는 그제야 설거지를 시작하고 어질러진 집 안을 청소했다. 공인중개사 1차 시험만을 응시하기 때문에 동차 시험을 준비하는 수험생들보다는 시간적 여유가 조금은 있는 편이었다. 조금은 늦게 공인중개사 공부를 시작했기에 입문 동영상부터 차례대로 보기로 했다. 공인중개사 공부를 해 보았거나 부동산 관련 지식이 있다면 입문 동영상은 건너뛰고 기초 반 동영상부터 시청하면 된다. 나는 부동산에 관한 지식이 완전 백지상태였기에 입문 동영상부터 시청하는 것이 이해력을 키우는 좋은 대책이라고 생각했다. 부동산 공부를 처음 경험하는 사람이라면 용어에서부터 이해하기가 힘들 거다. 재건축이 무엇인지 재개발이 무엇인지조차 모르고 있었던 나에게는 입문 동영상부터 시청했던 것이 좋은 선택이었다.

부족한 건 준비가 아니라 용기, 필요한 건 용기가 아니라 재미 라는 어느 책의 문장처럼 용기를 내어서 시작했으니, 이제는 재미를 가지고 공인중개사 시험을 준비할 일만 남았다. 1차 과목 중 하나인 부동산학개론은 부동산학 총론, 부동산 경제론, 부동산 시장론, 부동산 정책론, 부동산투자론, 부동산금융론, 부동산 개발 및 관리론, 부동산 감정 평가론으로 나누어진다. 부동산학개론은 부동산의 개념과 토지의 용어, 부동산의 특성, 부동산 본질에 대해 많이 출제되고 있으며 또한 균형 가격, 계산 문제도 출제되고 있어 난이도가 높은 편이다. 부동산 학개론에서의 가장 어려웠던 부분이 계산 문제였다. 계산 문제를 포기할 수도 그렇다고 시간을 쏟기도 애매했다. 부동산학개론은 나에게 이해력과 암기력이 필요한 과목이었다. 수요와 공급에서는 이해력이 필요했고, 정책론과 투자론에서는 암기력이 필요했다. 많은 수험생이 어려워하는 민법은 민법총칙, 물권법, 계약법, 민사 특별법으로 구성되어 있다. 3년 동안 출제 문제 비율에 따른 중요도는 민법총칙: 권리변동, 법률행위, 의사표시, 법률행위의 대리, 무효와 취소 / 물권법 : 서론, 물권의 변동, 점유권, 소유권, 용익물권, 담보물권 / 계약법 : 총론, 각론 / 민사 특별법 : 주임법, 상임법, 집합건물법, 가등기 담보권, 부동산 실명법 이다. 시간이 많이 부족한 수험생이라면 중요한 부분을 집중해서 시험을 준비하는 것도 좋다. 10년 정도의 기출 문제들을 풀어보면 어느 부분에서 많은 문제가 출제되는지 알 수 있고, 동영상 강의를 해주시는 민법 교수님뿐만 아니라 강의 해주는 모든 교수님께서 중요 부분과 중요하지 않은 부분을 따로 이야기 해 줌으로써 선택과 집중의 전략으로 공부 시간을 효율적으로 사용할 수 있다.

완벽한 때라는 건 절대 없다

대구의 여름은 다른 지역의 여름과 달리 고온 다습한 날씨이다. 지금의 남편을 따라 대구에 처음 왔을 때는 대구의 날씨에 적응하기가 힘들었다. 대학생 시절 졸업 여행으로 방콕 여행을 간 적이 있었다. 3박 5일의 여행 일정 동안 날씨와 특유의 향신료 냄새로 인해 여행 내내 힘들었던 기억이 난다. 그때 방콕의 날씨가 대구의 여름 날씨와 흡사했다. 대구의 날씨에 적응하기에 몇 년은 걸린 듯하다. 대구의 여름 날씨가 여느 때보다 더 덥게 느껴졌다. 가족들이 함께하는 아침 시간과 아이들이 하원하고 돌아온 시간에는 에어컨 바람에 그나마 살 것 같지만, 집에 혼자 있는 시간 동안 나를 위해서 에어컨을 켠다는 것이 쉽지 않았다. 아이들을 등원시키고 집에 돌아와 찬물로 샤워하고 선풍기 바람에 더위를 식혔다. 시원함도 잠시 선풍기 바람은 밖에서 들어오는 미지근한 바람과 만나 선풍기를 꺼야 할지 말아야 할지 고민이 되는 상황을 만들었다. 더위와 사투를 벌이고 있다 가도 동네 엄마들이 밥 한번 먹자는 연락이 오면 뒤도 돌아보지 않고 바로 달려 나갔다. 고온 다습한 여름 날씨는 나에게 공부를 할 수 없는 이유를 만들게 했다.

'더워서 집중이 안 돼!' '무리하게 공부하다가 열사병에 걸리면 어떡해!' '공부도 쉼이 필요해' '오늘 하루만⋯. 오늘 하루만⋯' '내일부터 열심히 하면 되지 뭐!' 그렇게 나는 공부를 할 수 없는 이유를 만들고 그 이유에 힘을 불어넣어 줄 지원군들이 나타나면 기다렸다는 듯이 지원군들 손을 잡았다. 사람들 인맥 관리도 해야 하고, 열심히 공부하려면 체력 보충도 해줘야 하고, 무엇보다 아직 기본서 교재를 사지 못했다. 공인중개사 공부를 할 완벽한 준비가 되어 있지 않았다. 아직 준비가 더 필요했다. 고온 다습한 여름 날씨로 인해 공인중개사 공부 집중도가 떨어졌다. 시원한 맥주 한 모금이 절실히 필요했다.

공부를 하다 보면 달콤한 유혹들이 나의 공부를 방해하곤 한다. 한 번 보고 바로 머릿속에 입력되는 천재가 아닌 이상 장거리 시험에는 엉덩이가 무거운 사람과 달콤한 유혹에 흔들리지 않는 사람이 시험에 합격할 확률이 높다. 나는 엉덩이도 무겁지 않았고, 지구력도 그리 높은 편이 아니었다. 그저 완벽한 준비가 되기를 기다리고 있었다.

'미루는 습관을 버리자. 완벽한 때라는 건 절대 없다.' 책에 붙여 놓은 문장이 꾸물거리는 시선 안으로 들어왔다. 책을 읽을 때 좋은 글귀나 기억에 남는 문장들을 노트에 메모하거나 핸드폰 사진으로 저장해놓는 습관이 있다. 노트 속에서 발견한 문장을 메모지에 옮겨 적어 책 표지에 붙여 놓았다. 흔들림에 대한 나만의 비책이었다.

핑계를 만들기 바빴지, 완벽한 준비를 하기 위해 행동은 하고 있지 않았던 나다. 친구들에게 가족들에게 공인중개사 시험 준비를 한다고 말을 다 해놓은 상태인데 지금 내가 뭐 하고 있는 건지. 이해할 수 없었다. 더운 날씨는 나만 느끼고 있는 것이 아니라 공인중개사 시험을 준비하는 모든 수험생이 느끼고 있는 현실이다. 나한테만 불리하게 적용되는 상황이 아닌데 나는 불평과 불만을 늘어놓았다. 결단을 내려야 했다. 매번 이런저런 핑계로 시간을 보내 버리면 공인중개사 시험은 불합격이다. 입문 수업이 끝나고 기초 수업에 필요한 교재가 필요했다. 가격이 만만치 않아 망설이고 있었다. 중고 사이트에 공인중개사 교재를 검색했다. 몇 년 전 사용했던 공인중개사 교재를 무료로 나눠준다는 글을 발견했다. 공인중개사 시험은 매년 개정되는 법들이 있어서 교재 역시 개정된 법들이 적용된 교재를 보는 것이 좋다. 능력이 된다면 새 책을 사서 보는 것이 좋다. 하지만 한 달 생활비의 쓰임이 모두 정해졌다면 중고 교재를 선택할 수밖에 없다. 개정된 법들을 찾는 수고스러움 정도는 당연한 번거로움이라 생각했다. 공인중개사 1차 교재를 무료로 나눠준다는 글에 나는 첫 번째 댓글을 달았고 몇 년이 지난 교재를 무료 나눔 받았다.

공인중개사 1차 교재가 도착하고 기초 강의 동영상을 시청했다. 월요일, 수요일은 부동산학개론 3개 동영상을 시청했다. 화요일, 목요일은 민법 3개 동영상을 보며 공부했다. 금요일은 전체 복습으로 진행 했다. 공인중개사 1차 시험공부는 7월까지는 동영상 강의와 기본서 위주의 공부를 할 계획이었기에 입문 강의 때와 똑같은 시간대로 공부를 이어 나갔다. 입문 강의에서 기초 강의로 한 단계 업그레이드되었을 뿐인데 부동산학개론에서는 알 수 없는 용어들이 마구 쏟아지기 시작했고, 민법에서는 복잡한 민법 판례들로 인해 길을 잃어버린 어린아이처럼 나를 당황하게 했다. 공인중개사 입문 강의는 시험을 처음 준비하는 나의 두려움과 걱정을 위로하는 달콤한 사탕 같은 존재였다면 기초 강의는 한눈팔다가는 낭떠러지에서 떨어질 수도 있다는 무서운 경고를 하며 정신이 번쩍 들게 했다. 얼음이 가득 든 냉수를 온몸에 뒤집어쓴 기분이 들었다. 오싹했다. 결코 만만한 시험이 아니라는 것을 기초 강의 첫 동영상을 보고 알았다. 할 수 없는 모든 이유를 버려야 했다. 이러다가는 시험에 보기 좋게 떨어질 게 뻔하다. 매일 같은 장소에서 같은 시간에 연필을 들어야 했다. 그 시간만이라도 지켜 내야 했다.

미리 걱정하지 마세요

공인중개사 시험뿐만 아니라 다른 국가시험을 준비하는 수험생이라면 여름휴가는 공부의 흐름을 흩뜨릴 수 있는 방해꾼이기도 하다. 아이들도 어린이집 방학을 시작했고, 남편도 일주일간 여름휴가를 선포했다. 전업주부가 시험 날짜가 정해져 있는 공부를 시작한다는 것은 많은 것을 포기해야만 공부 시간을 확보할 수 있다. 무엇보다 가족들의 지원이 절실히 필요했다. 각종 가족 행사와 여름휴가, 주말 시간 등 남편의 배려가 없으면 온전히 감당해야 하는 시간 들이기 때문에 주부의 공부 시간을 확보하기가 어렵다. 모든 남편이 공부를 응원해 주지는 않는다. 공부는 남편에게 취미 생활로밖에 보이지 않기 때문이다. 가족 경제를 책임지고 있는 남편의 눈에는 나의 공부가 남아도는 시간에 하는 취미로밖에 보이지 않았다. 화장실 청소가 안 되어 있던 날은 미간에 주름이 가득한 얼굴로 청소 좀 하라고 말하는 남편, 텔레비전 위에 쌓인 먼지, 문 뒤에 쌓인 먼지들을 보고 청소는 매일 하냐고 불평하는 남편의 모습을 보면서 공부하는 나를 조금은 이해해 달라고 소심한 시위도 해보았다. 하지만 남편은 나의 공부에 대해 처음부터 가정과 아이들에게 소홀함 없이 하기를 원했고 그 빈틈이 생길 때마다 나에게 주의를 주듯 트집을 잡곤 했다.

설상가상 아이들이 놀다가 다치기라도 하면 모든 화살은 내가 공부하면서 집안일과 육아에 소홀해서 생긴 일이라며 원인은 나의 공부에서 시작되었다고 말했다. "공인중개사 공부해서 뭐 하려고? 운전면허증도 없고 사람들한테 영업하러 다닐 수 있겠어?" 남편은 나의 공부를 끝내기를 원했다. 남편은 가정과 아이들에게 충실하기를 원했다. 남편의 말들이 쏟아지고 난 뒤 멍하니 한참을 있었다. 그리고 생각했다. 공인중개사가 되고 나서 멋지게 활동하고 있는 나의 모습을 말이다. 내가 지금 여기서 멈춰 버리면 아이들에게나 남편에게는 좋은 엄마, 좋은 아내가 되겠지만, 나는 나에게 쉽게 포기해 버리는 무기력한 사람이 되어 버릴 거라고 생각했다. 나를 위해서라도 공부는 멈출 수가 없었다. 남편의 불평은 시험이 끝날 때까지 무시하기로 했다. 시험이 끝날 때까지는 구석구석 청소를 하기에 시간이 부족했다. 하루에 한 번씩 하던 청소는 3일에 한 번씩 했고, 한 달에 한 번 대

청소하기로 했다. 육아에 있어서는 전적으로 내가 책임을 져야 했기에 아이들과 놀아주면서 공부를 할 수 있는 방법을 찾기로 했다. 구글 플레이에서 [공인중개사 기출 문제 앱]을 다운로드해서 아이들과 놀면서 수시로 기출 문제를 풀기 시작했다. 문제를 풀고 틀린 문제는 기본서를 보고 다시 한번 확인하는 방법으로 공부했다. 공인중개사 기출 문제를 여러 번 반복해서 풀어 봄으로써 시험 유형도 익힐 수 있고 자주 출제되는 부분들을 알게 되면서 집중적으로 공부할 수 있는 부분을 스스로 습득할 수 있어 좋았다.

한 문제당 걸리는 시간도 알 수 있어서 본 시험에서 시간 배분을 어떻게 할지 미리 체크할 수 있다는 점도 좋았다. 8월부터는 각종 학원에서 실시하는 공인중개사 무료 모의고사에 응시했다. 유료로 시험을 신청해서 해도 되지만 나는 무료 모의고사를 응시했다. EBS 공인중개사, 해커스 공인중개사, 인강 드림 등 많은 공인중개사 사이트에서 무료 모의고사에 응시할 수 있다. 공인중개사 시험을 준비한다면 프린터는 필수라고 생각한다. 여러 개정된 법들을 프린트해야 하고 동영상 강의가 끝나고 제공되는 일일 문제 풀이도 프린터를 써서 복습할 때 이용하기 때문에 프린터는 꼭 필요했다. 프린터는 브라더 제품 레이저 프린터를 사용했다. 잉크젯 프린터보다 레이저 프린터는 인쇄 속도가 빠르고 인쇄 장수도 몇 배로 많기 때문에 가성비 면에서 좋았기에 브라더 레이저 프린터를 선택했다. 레이저 프린터를 선택할 때는 재생 토너를 사용할 수 있는지를 판단 후에 구매하는 것이 좋다. 정품 토너 가격보다 재생 토너의 가격이 많이 저렴하기 때문이다. 공인중개사 1차 시험을 준비하면서 프린터 했던 양은 A4 한 박스 정도는 되었던 것 같다. 여러 학원에서 제공해 주는 무료 모의고사 결과는 불합격 점수가 대부분이었다. 특히 민법 문제는 분명 배운 내용인데도 시험 문제를 풀 때는 전혀 생각이 나지 않는 경우도 많았다. 부동산학개론 계산 문제는 하나도 풀지 못했다. 무엇보다 민법 문제를 풀 때는 시간이 많이 부족했다. 공인중개사 시험은 시간을 어떻게 활용하는가에 따라 합격으로 가는 길에 중요한 열쇠가 된다.

'미리 걱정하지 말고, 지금에 집중하자' 일단 내 방식대로 해보기로 했다. 아직 3개월의 시간이 남았고, 나를 믿고 다시 연필을 들었다. 아이들이 등원하고 나에게 주어지는 세 시간은 모의고사와 작년 족집게 100선 문제들 위주로 공부했다. 아이들이 하원하고 돌아온 시간에는 스마트폰에 내려받은 공인중개사 기출 문제 앱을 수시로 풀었다. 틀린 문제는 기본서를 보고 다시 한번 복습했다. 연필을 들어 정리했다. 부족한 것들과 필요한 것들을 노트에 적었다. 유튜브 동영상을 이용해 문제 풀이를 시청했고, 부동산 학개론의 계산 문제도 유튜브 강의를 시청했다. 부족한 것은 집중적으로 더 많이, 더 자주 별표를 그리며 지나갔다. 합격, 불합격에 대해 미리 걱정하지 않기로 했다. 지금 내가 할 수 있는 공부에 집중했다. 시간이 흐르고 연필을 드는 횟수가 늘어날수록 나의 모의고사 점수도 합격 점수에 도달했다.

팔월이 되었고 공인중개사 시험 접수가 시작되었다. 공인중개사 1차 시험 접수를 마쳤다.

성장할 기회를 보장하라

9월에는 추석이 있다. 9월은 며느리에게는 오지 않았으면 하는 달이기도 하다. 요즘은 시대가 바뀌어 차례 음식을 집에서 하지 않고 전문 전집에 주문해서 하는 집들도 많다고 하는데 아직 여기는 옛 시대를 살아가고 있다. 며느리, 아내, 엄마 파업 선언을 외치라는 민법 교수님의 말이 생각이 난다. 할 거 다 하면서 공인중개사 시험에 합격하길 바라는 것은 욕심쟁이라는 학개론 교수님 말 역시 머릿속을 맴돌았다. 추석에 전을 굽는 것이 힘든 게 아니었고, 친척들 밥상 차리는 것이 싫은 게 아니라 공인중개사 시험에 합격하길 위해 공부가 하고 싶었을 뿐이었다. "어머님 이번에는 음식을 적게 하는 게 어때요?" "하던 게 있는데 적게 할 수 있겠나? 음식은 넉넉해야지." "요즘은 전문 전집에서 많이 주문해서 한다고 하던데요?" "사는 음식을 어떻게 믿고 차례상에 올린다는 거야?" 시어머니의 뜨거운 눈빛을 받으면서 차례를 왜 지내야 하는지 정성이 필요한 이유를 오랜 시간 동안 들어야 했다. 며느리 파업? 보통 강심장을 가지고 있지 않다면 불가능한 일이었다. 그냥 운만 띄웠을 뿐인데 시어머니의 심기를 불편하게 만들었고 그 대가로 나는 오랜 시간 동안 시어머니의 이야기를 들어야 했고 그해 추석 음식은 다른 해 보다 굽는 전의 개수도 늘어났고 양 또한 두 배로 늘었다. 물론 전을 굽는 시간 또한 두 배로 늘어났고 며느리 파업을 꿈꾸었던 나는 하루 반나절이 넘게 전을 구워야 했다.

아이들이 나의 앞치마를 잡아끌며 이것 해달라 저것 해달라 조르고 있고 프라이팬의 전들은 잽싸게 뒤집어야 하는 상황에 누구 하나 나를 봐주는 사람이 없었다. 남편은 추석 연휴 전날 초등 동창들을 만나 새벽까지 있다가 늦게 들어와 대낮까지 침대에서 일어나지 않고 있었다. "아빠한테 가서 놀아!" "아빠는 무슨 아빠 피곤하니깐 그냥 자게 내버려두고 조용히 놀아라!" 시어머니께서 나의 말을 가로채 아이들이 남편이 자는 방으로 들어가지 못하게 했다. 가스레인지 불을 끄고 프라이팬에 놓여 있던 전들을 소쿠리에 담아 놓고 나는 아이들과 거실로 갔다. 나를 바라보는 시어머니의 따가운 눈빛을 무시한 채 아이들에게 놀거리를 마련해 주고 있었다. 소심한 무언의 시위였다. 시험 준비를 하는 것을 분명히 알고 계셨던 시어머니의 행동에 서운

함이 커졌고, 아이들이 뜨거운 기름이 튀는 부엌에서 놀아 달라고 보채는 모습을 보시고도 남편을 깨우지 못하게 한 시어머니의 말에 나도 모르게 욱하는 감정이 올라왔다. 나로서는 최대한 나의 감정을 조절하면서 아이들과 놀이 속에서 그 감정들을 누르고 있었다. 한두 시간이면 끝날 전을 굽는 시간이 다섯 시간이 넘어서야 멈추었다. 끝날 때까지 끝난 것이 아니었다. 전을 마무리하고 나면 나물들을 손질하고 씻고, 삶기를 반복한 다음 개수대에 쌓여 있는 설거지들을 정리하고 주방 바닥에 튀어있는 기름을 깨끗이 닦아내고는 차례 음식 준비가 끝났다.

나의 공부를 지지해 주는 사람이 없다고 서운해하지 않기로 했다. 나의 공부를 응원해 주는 사람이 없다고 공부를 포기하지 않기로 했다. 묵묵히 나의 방식대로 공부를 이어 나가기로 또 한 번 다짐했다. 매번 공부를 방해하는 새로운 문제들이 나타나지만, 나의 공부만 생각하기로 했다. 모든 일이 끝난 밤 모든 사람이 잠든 시간에 연필을 들었다. 공인중개사 모의고사를 풀고, 채점하고, 문제 풀이 동영상까지 보고 틀린 문제는 다시 한번 체크해서 틀린 부분은 기본서를 다시 한번 정독하고 반복했다. 틀렸던 문제는 따로 오답 노트를 만들어 적어 두었다. 명절 연휴 친척들이 있는 낮 동안은 스마트폰에 내려받아둔 공인중개사 기출 문제 앱을 반복해서 풀었다. 시험 문제를 여러 번 반복해서 읽으며 문제에 익숙해지는 연습이기도 했다. 성장할 기회는 나 스스로가 나에게 주기로 했다. 시간을 줍는 습관은 성장의 기회를 자주 마주하게 했다.

떨어지면 어떡하지

공인중개사 시험을 준비하면서 어떻게 공부하면 시험에 합격할 수 있을지 궁금해서 인터넷 사이트에 많은 검색을 했었다. 공인중개사 공부 방법, 합격 전략, 인기 있는 교수님들, 매년 시험 난이도 등등 궁금한 사항들을 매번 검색했다. 불안한 마음에 나는 또 키보드의 자판을 두들기고 있었다. '6개월 동안 하루 3시간씩 꾸준히 공부했고, 기본서는 5번 정도 반복해서 보았어요. 시험에 합격할 수 있을까요?' 불안한 마음을 진정시키고 싶었고, 이 정도 공부로 합격할 수 있을지도 궁금했다. 사람들은 나의 질문에 용기를 주기도 했고, 실망을 주기도 했다. 1년을 준비하고도 떨어진 사람이 많았고, 1개월만 준비하고 합격한 사람도 있다는 댓글에 불안감은 더 커졌다. 괜히 검색해 보았나 싶기도 했다. 한쪽에는 민법 강의 동영상을 틀어 놓고 키보드로는 요동치는 불안한 마음을 안정시킬 무언가를 계속 검색했다. 불안한 마음이 사라질 때까지 반복했다. 습관처럼 불안한 마음이 들 때면 다른 사람들의 이야기가 궁금했다. 그들도 나처럼 흔들리는 일상을 보내고 있는지 알고 싶었다. 흔들리는 사람을 만나면 잠시 위로가 되기도 했다. 그러다 문득 생각이 멈춘다. 위기를 벗어날 변화가 필요했다.

차로 50분 거리에 있는 친정집으로 갔다. 집에 있으면 남편과 아이들에게 주말 동안 나의 모든 시간이 소비되고 있었기에 시험 전까지 친정 엄마 찬스를 쓰기로 했다. 얼마 남지 않은 시험이 불안하기도 했고 이십여 일 동안 모든 에너지를 쏟아 내기로 했다. 학원에서 제공하는 족집게 100선을 프린터 해서 풀고 외우고 또 보고를 반복했다. 실전 모의고사 역시 닥치는 대로 풀었다. 시험이 다가올수록 마음은 급해지고 하나라도 더 보고 싶은 마음에 무조건 풀었다. 동영상을 보다 보니 머릿속이 뒤죽박죽되어 버리기도 했다.

금요일 오후 아이들이 어린이집에서 돌아오면 미리 여동생에게 부탁해 여동생 차를 타고 친정집으로 갔다. 아이들도 외할머니와 사촌 언니들과 노는 것을 좋아했다. 매주 친정집에 가는 것을 좋아했다. 육아와 집안일만으로도 시간이 부족할 것인데 어려운 시험을 준비한다고 친정 엄마는 주말마다 내가 좋아하는 닭볶음탕, 닭백숙, 오징어볶음 등 오로지 내가 좋아하는 음식들로 매끼 식사를 챙겨 주었다. 친정집에서 나의 공부는 5일 동안 집에서 한 공부의 몇 배 분량의 진도가 나갔다. 공부만 신경 쓸 수 있어 집중도 역시 최고였다. 5일 동안 보아야 겨우 보았던 부동산 학개론 요약집을 하루 만에 2번을 돌려 볼 수 있을 정도로 공부 시간은 나의 의지만 있으면 24시간 활용도 가능했다.

불안하다고 집에서 인터넷 검색 창만 보고 있었다면 흘러가는 시간을 줍지 못했을 거다. 위기인 줄 알면서 아무것도 하지 않았다면 위기를 그대로 삼켜 버렸을지도 모른다. 마지막 한 달은 중요한 시기다. 그 시간을 의미 없이 흘려보내기는 싫었다. 불안한 마음이 드는 것은 당연하다. 일 년 동안 준비한 시험에 대한 결과가 합격이라는 긍정적인 결과를 가져다주면 좋지만, 부정적인 결과를 가져올 수 있기에 많은 수험생이 불안해한다. 공부에 집중할 시간을 흘려보내는 것이 나만은 아니었다. 매번 행복한 일도 없고, 매번 슬픈 일도 없다. 매번 일이 잘 풀리지도 않고, 매번 일이 잘 되지도 않는다. 매번 좋은 말만 들을 수 없고, 매번 나쁜 말만 들을 수도 없다. 인생이 어느 하나에 치우쳐서 가지는 않는다. 오늘 행복했으면 내일은 더 행복한 일이 생기지 않는다면 내일은 오늘보다는 행복하지 않은 하루가 될 것이다. 오늘 힘든 하루였으면 내일은 분명 덜 힘든 하루가 온다. 혹여 내일도 모레도 힘든 하루가 이어진다면 그다음 날은 두세 배로 좋은 날이 기다리고 있다. 아이와 남편이 사라지고 연필을 들면서 수많은 위기를 만났다. 그 위기 속에서 서성거릴 때마다 나를 일으켜 세우는 문장을 만났고, 나를 뒤에서 묵묵히 기다려 주는 사람들을 마주했다. 혼자라고 생각했는데 혼자가 아니었다.

신경 쓰지 않기로 했다

 공인중개사 시험 당일. 새벽 여섯 시에 일어나 따뜻한 커피 한잔으로 긴장되는 마음을 진정시켰다. 창문을 열고 새벽의 차가운 공기를 한 움큼 마셨다. 떨지 말고, 시험 잘 치자고 다짐했다. 창문을 닫고 다시 거실 테이블에 앉았다. [수험표, 신분증, 컴퓨터용 사인펜, 개인 필기도구, 일반 계산기, 손목시계, 수정테이프] 공인중개사 시험장에 가기 전 잊지 말고, 챙겨 가야 할 준비물 리스트를 확인했다. 시험장에 도착해서 볼 수 있는 요약 노트도 함께 넣어 두었다. 시험 당일은 요약집과 오답 노트 위주로 가볍게 공부했다. 머릿속에 흩어져 있는 학개론 용어들과 민법 판례들을 제자리를 찾을 수 있도록 가볍게 요약집을 읽어 내려갔다. 어느 정도 정리된 요약집을 반쯤 읽어 내려갈 무렴 둘째 아이가 잠에서 깨어 나의 무릎 위에 앉았다. 잠이 덜 깬 눈으로 나를 바라보고 있었다. "엄마 오늘 시험 잘 쳐!" 둘째 아이의 응원말이 얼어 있던 마음을 슬며시 녹여 주었다. 공부하는 동안 티 나게 유세 부리면서 하지는 않았다. 공부를 시작하고 집안일을 소홀히 하게 되면서 남편과 자주 다투기도 했다. 지인들과의 약속도 공부한다는 이유로 취소하며 만남을 줄였다. 유난스럽지는 않았지만 대부분 공부를 하고 있다는 것을 안다. 합격했다는 소식을 전하고 싶은 굳은 의지가 솟아났다. 이왕 준비한 거 합격했으면 했다.

"엄마 시험 잘 치고 올게! 시험 끝나고 맛있는 거 사 올게!" 둘째 아이의 응원을 마음에 들고 택시를 타고 시험장으로 출발했다. 혹시 몰라 시험 시작 한 시간 전에 시험장에 도착했다. 이미 많은 사람이 시험장을 향해 걸어가고 있었다. 가족의 응원을 받는 사람들, 친구의 응원을 받는 사람들, 연인의 응원을 받는 사람들, 학원의 응원을 받는 사람들 사이를 지나갔다. 부럽다는 마음을 숨기고 아무렇지 않은 듯 시험장 안으로 들어가는데 많은 학원에서 학원 판촉물을 나눠주고 있었다. 학원에서 나누어 준 판촉물 중에는 요약집도 함께 들어있었다. 다른 학원에서는 어떤 내용들로 요약집이 정리되어 있는지 궁금했다. 나의 요약집보다는 학원의 요약집으로 시험 시작 전까지 보는 건 어떨까. 하지만 이런 나의 선택은 잘못된 선택이었다는 것을 시험이 시작되고 시험 문제를 풀면서 알게 되었다. 내가 정리해 두었던 내용과 학원에서 나누어 주었던 요약집에는 차이가 있었다. 6개월 동안 공부해 오면서 나의 공부 스타일에 맞게 정리되었던 요약집은 내 머릿속의 내용들을 잘 정리 해주었다. 그러나 학원에서 나누어 주었던 요약집은 그날 처음 보았던 내용들도 있었기에 머릿속을 더 혼란스럽게 만들었다.

공인중개사 시험은 시간이 촉박하기도 했기에 바로 문제를 읽고 답을 적어야 시험 시간 내에 답안지를 제출할 수 있다. 하지만 뒤죽박죽되어 버린 머릿속의 내용들로 인해 답이 헷갈리기 시작했다. 불안했다. 공인중개사 1차 시험은 9시까지 입실을 완료해야 하고 시험은 9시 30분부터 시작하여 11:10까지 100분 동안 시험이 치러진다. 부동산학개론 40문제 민법 40문제 총 80문제를 100분 안에 모두 풀고 OMR카드에 체크한 뒤 제출해야 한다. 공인중개사 시험은 OMR 카드 답안지만 제출하면 되고 시험지는 집으로 가지고 올 수 있다. 공인중개사 1차 시험이 끝나고 2시간 정도 뒤면 가답안이 각 학원 사이트에 공개된다. 그러므로 시험지에 답을 체크해서 가지고 오면 가답안 채점으로 그날 바로 합격 여부를 확인할 수 있다. 100분 동안의 시험이 끝이 났다. 6개월 동안 나의 공부도 끝이 났다. 공인중개사 1차 시험이 치러졌던 시험장은 내 집과는 걸어서 40분 정도에 있었다. 택시나 버스를 타기보다는 잠깐 걷고 싶었다. 학개론 문제가 너무 어려웠다. 민법 문제도 아리송한 문제들이 많았다. 시원섭섭한 알 수 없는 감정을 위로해 주고 싶은 생각이 들었다. 위로의 방법으로 40분 거리 길을 걷기로 했다. 오랜만에 느껴보는 풍경들이 시험 결과에 대한 불안감은 잊게 했다. 오래된 거리 벽면에 자원봉사자분들이 그림을 그리고 있었다. 서로 마주 보고 웃는 소리가 좋았다. 낯설지만 싫지 않은 풍경을 눈에 담았다. 걷는 속도가 느려졌다. 더 오래 머물고 싶은 마음을 들켰다. 잠시 멈추어 붓들이 지나가는 벽을 바라보았다. 붓이 지나가는 자리에 색이 입히고 생동감이 살아났다.

진동 벨 소리가 울렸지만 받고 싶지 않았다. 시험이 끝나고 도착할 시간이 훨씬 넘었다고 생각한 남편의 전화라는 것을 알고 있었다. 전화기 진동 소리는 쉽게 멈추지 않았다. 끈질기게 오랜 시간 이어졌다. 여유로운 시간은 거기까지였다. 남편이었다. "부모님 집에 가야 하니 빨리 와!" 부모님 집에 가야 한다고 일찍 서둘러 집에 오라는 남편의 전화였다. 전화기 너머로 둘째 아이가 울고 있는 소리가 들렸고 정신 없는 남편의 모습이 상상되기 시작했다. 걷다 뛰기를 반복하면서 집에 도착했다. 거실은 아이들 장난감과 널브러진 옷들로 어질러져 있었고, 둘째 아이의 얼굴은 눈물과 콧물로 범벅이 되어 있었다. 아이들 외출복이라고 입혀 놓은 옷은 어린이집 미술 수업할 때만 입히는 얼룩진 옷들이었다. 콧물과 눈물로 얼룩진 아이들 얼굴을 씻기고 깨끗한 외출복으로 다시 갈아입히고 시부모님 집으로 출발했다.

신혼 초부터 나는 남편에게 많은 것을 기대하고 그렇게 해주길 바

라면서 살아왔다. 하지만 기대는 자주 실망으로 다가왔다. 공인중개
사 공부를 시작하면서도 수없이 남편의 배려를 생각해 왔었다. 배려
보다는 제대로 되지 않는 집안일로 서로 언성이 오가는 일들이 많았
다. 남편의 입장에서 보면 충분히 이해되는 일이다. 그때부터였을까.
나는 신경 쓰지 않기로 했다. 사람들이 말하는 모든 것에 신경 쓸 필
요가 없다는 것을 알게 되었던 것 같다. 내 인생에서 가장 중요한 것
에 신경을 쓰는 것만으로도 시간이 부족하다. 그걸 알고 나니 삶이 훨
씬 단순해졌다.

변화할 때는 두려움을 즐겨야 한다는 것을

공인중개사 시험 발표날이다. 시험 당일 2시쯤 각 학원에서 가답안이 나왔고 저녁때쯤 가답안으로 채점 결과 공인중개사 1차 시험 합격 점수를 받았다. 시부모님과 저녁 식사 중이었고, 빨리 가답안을 채점해 보고 싶은 마음에 저녁을 먹고 있던 어느 식당 화장실 변기 위에서 채점했다. 아슬아슬한 점수였지만 합격이었다. 가답안 채점이 시험 발표날 점수와 거의 같음에도 불구하고 한 달 동안 시험 결과에 대한 불안감은 찾아왔다. 가족들과 맛있는 음식을 먹다가도 불합격이면 어떡하지? 재미있는 영화를 보면서 웃다가도 불합격이면 어떡하지? 그렇게 한 달이라는 시간을 보내고 시험 발표 날인 아침을 마주했다. 아이들 등원 준비와 남편 아침밥 준비로 분주한 시간을 보내고 있었지만, 나의 신경은 온통 핸드폰을 향해 있었다. 신경 쓰지 말자고 생각하면 더 신경 쓰였다. 아이들을 데리고 어린이집 등원 차량을 기다리고 있는데 메시지 하나가 도착했다.[000 님 (수험 번호 04200000)의 공인중개사 1차 시험 합격(예정)을 축하합니다. 자세한 내용은 큐넷 홈페이지에서 확인할 수 있습니다.] 합격이다. 드디어 합격 문자가 왔다. 이제는 2차 시험이다.

'2차 시험은 정말 어려운데 떨어지면 어떡하지?' '이번에는 학원에 다녀볼까?' '잘할 수 있을까?' 불안의 시작이다. 습관처럼 불안이 찾아왔다. 새로운 것에 대한 불안은 늘 함께 한다. 당연한 그들의 관계를 부정하지는 않는다. 하지만 불안함을 숨길 수는 없다. 남보다 조금 더 강한 불안이 한동안 주위를 서성거렸다. 걱정한다고 해서 해결될 문제가 아니라는 사실을 안다. 잘할 수 있다는 문장 하나로 해결될 불안감이 아니란 것도 안다. 시간이 필요했다. 불안과 잘 지내는 방법에 대해 알아야 했다. 처음은 늘 불안하다는 것이 당연함을 인정하는 것부터 시작했다. 그래야 불안이 옅어진다는 것을 그동안 불안과 마주하며 알았다. 습관처럼 찾아오는 불안과 잘 지내는 방법은 인정하는 습관이다. 변화에 대한 두려움 이면에는 내가 성장하고 있고, 그 성장으로 좋은 결과를 보여 주었다. 무기력한 일상에 생기를 불어넣어 주었고, 할 수 없을 것만 같은 도전에 성취감을 나의 삶에 대한 즐거움을 주었다. 불안감이 완전히 사라지지는 않는다. 문득 또다시 불안감은 찾아온다. 잘 지내고 있는 평범한 일상에 불 현 듯 찾아오는 것이 불안이다. '떨어지면 어떡해? 대신 열심히 하면 합격할 수 있어'라고 말해 본다.

'공부할 시간이 있을까? 대신 공부할 시간은 충분히 만들면 돼! 자는 시간을 줄이면 되지'라고 말해 본다. '2차는 1차보다 어렵다는데? 대신 1차도 합격했는데 2차는 합격 못 하겠어'라고 말해 본다. 부정적인 생각이 나면 바로 긍정적인 말들을 건네 본다. 부정적인 생각들은 항상 존재한다. 어쩌면 긍정적인 생각보다 부정적인 생각을 하며 살아온 시간이 더 많은 나다. 슬픔이 있으면 기쁨이 있고, 행복이 있으면 불행이 있듯이 반대의 의미를 생각하는 연습을 하기로 했다. 슬프다고 계속 슬픈 일만 일어나는 것이 아니라 그 이면에는 기쁨 또한 있다. 남자 친구와 헤어졌다고 슬픔에 빠져 있지만 반대로 그 남자 친구와 헤어졌기에 더 좋은 남자를 만날 수 있는 기회가 주어지기도 하니깐. 나쁜 일 뒤에는 분명 기쁜 일이 올 거라는 생각의 습관은 불안과 두려움의 존재를 흐릿하게 만들어 준다. 변화에 대한 두려움을 즐길 수 있기를 바라며 나는 공인중개사 2차 시험 준비를 시작했다.

깊숙이 파묻힌 엄마의 재능

강점과 재능, 잠재력이라고 하면 주부들은 자신과는 거리가 먼 말이라고 생각한다. 그게 아니면 결혼 전에 유난히 잘 나갔던 소수의 이야기라고 여긴다. 결혼과 동시에 내가 가지고 있던 재능과 강점들을 완전히 잊고 살았다. 분명 나는 밥벌이하는 직장에서 나름 인정받는 직원이었고 다른 직원들보다 업무에 도움이 되는 자격증이 많아서 기본급도 높았다. 내가 그때는 이랬는데. 라고 이야기라도 하게 되면 너도 나이 먹었나 보네. 라는 이야기를 듣기 싫었는지도 모르겠다. 전업주부가 깊숙이 파묻힌 자기의 재능을 발견하기 위해서는 강한 자극을 받거나 간절한 무엇인가를 갈망할 때 그때 서야 파묻혀 있는 자신의 재능을 하나둘씩 발견한다. 무모해 보였던 독학으로 준비한 공인중개사 1차 시험 역시 결혼 전 끈기 있게 뭐든 해내던 나의 습관을 알았고 믿었기에 도전해 볼 수 있었고 좋은 결과를 만났다. 공인중개사 2차 시험은 1차보다 과목도 늘어났고 난이도 또한 높다.

공인중개사 2차 공인중개사법의 경우 출제 패턴이 정형화되어 있어 상대적으로 쉬운 편에 속하다 보니 이 과목에서 고득점을 노려보는 공부 전략을 계획해야 한다. 부동산 공법의 경우 공포의 공법이라고 말할 정도로 높은 난이도를 자랑한다. 1차에 민법이 있다면 2차는 공법이다. 기본서를 여러 번 다독 하는 방법이 공법의 공부 전략이라면 전략일 수 있다. 공법은 60점을 목표로 공부했다. 공시법은 민법과 공법의 중복되는 내용도 있고 파트 1의 공간 정보의 구축 및 관리 등에 관한 법률문제들이 대체로 쉬운 문제들이 출제되고 부동산등기법은 민법의 내용과 중복되는 만큼 수험생에게 어렵게 다가오는 문제들이 많다. 민법 점수가 고득점인 사람이라면 공시법 등기 파트에서도 좋은 점수를 받을 수 있을 것이다. 세법은 조세 총론과 지방세 국세로 나뉘어 있다. 조세 총론과 지방세는 국세 파트 그중에서 양도소득세에 비해 쉬운 편이지만 세법은 어렵다. 공인중개사 시험 과목인 세법도 어렵고 실전에서 사용되는 부동산 세법도 어렵다.

각 과목의 특징에 따라 선택과 집중의 방법으로 공인중개사 2차 시험 전략을 계획했다. 이번 2차 시험 역시 무료 동영상 강의 인강 드림을 통해서 공부를 시작했다. 동영상 강의는 12월 중순 오픈된다는 이야기를 듣고 미리 교재를 준비해 두기로 했다. 2차는 과목 수도 늘어났고 개정되는 법들도 많아서 새로 개정된 교재를 구매하기로 마음먹었다.

깊숙이 잠들어 있던 나의 재능을 발견하는 일은 그리 어렵지 않다. 작은 일이라도 일단 시작해 보는 거다. 거기서부터 잊고 지낸 자신만의 재능을 발견할 수 있다. 무엇을 할지 모르겠다면 일단 지금 당장 하고 싶은 일을 시작해 보라고 말하고 싶다.

나의 마음을 지배하는 습관

모든 것은 열렬한 소망에서 이루어진다. 목표를 공인중개사 2차 시험에 합격해서 공인중개사 자격증을 받는 것으로 정했다. 입문 강의가 시작되었다. 입문부터 차근차근 동영상 강의 속도를 따라가기로 했다. 공인중개사 1차 시험은 6월부터 본격적인 시험 준비가 시작되었기에 동영상 강의를 하루에 여섯 개씩 몰아서 본적도 많았다. 입문 강의 교재는 공인중개사 동영상 강의를 해주는 학원에서 택배를 통해 무료로 받았다. 입문서는 각 과목의 전체적인 내용의 흐름을 알 수 있어서 시간이 된다면 보는 것을 권하고 싶다. 부동산 중개사법은 2차 과목 중 공부한 만큼 점수를 받을 수 있는 과목이라 최대한 많은 시간을 투자해서 고득점을 받을 수 있는 전략을 세워야 한다. 공시법과 세법에서 깎아져 내린 점수를 중개사법에서 품앗이할 수 있다. "공인중개사 2차 공부 어떻게 해요?" 공인중개사 공부 법에 관해 검색을 해보아도 대부분의 답변은 중개사법 고득점을 목표로 공부해야 한다고 조언했다. 다른 과목에 비해 공부한 만큼 점수가 나오는 과목이라 그렇다. 공법은 투자한 공부 시간 대비 점수는 과락 점수인 40점을 간신히 넘는 경우도 있고 조금 더 시간을 투자한 사람에게는 합격 점수인 60점이 조금 넘는 점수가 대부분이다. 물론 90점 이상 받는 사람들도 간혹 있다고 하는 데 평균적으로 본다면 공법은 광범위한 시험 범위로 인해 높은 점수를 받는 것은 어려운 게 사실이다.

공인중개사 2차 입문 강의를 거의 듣고 난 뒤 공법이 왜 공포의 공법인 줄 알았다. 1차 시험 민법은 입문 강의를 듣고 난 뒤 재미있다는 표현을 할 정도로 할 수 있다는 자신감이라도 생겼었는데 2차 공법은 입문 강의에서부터 어떻게 하지? 너무 어려운데? 라는 생각만 들었다. 일 년 동안 이어질 나의 공부가 순탄하지는 않을 거라는 예감도 들었다. 국토계획법을 시작으로 하는 공법은 각 계획에 수립권자와 결정권자 그 계획들의 특징들을 그대로 머릿속에 집어넣어야 한다. 이해가 아니라 암기 과목이었다. 처음 접하게 되는 공법 공부는 시험 당일까지 아리송한 문제들을 가득 안고 시험을 보았던 기억이 난다. 버릴 수는 없고 가져가기에는 공부 시간 효율성이 떨어지는 이 공법이라는 과목 때문에 2차 시험의 난이도가 더 높아진 것은 아닐지 생각했다. 공시법과 세법도 60점을 목표로 공부 전략을 계획했기에 부담되는 과목은 아니었다. 기본서를 여러 번 정독하지 않는다면 풀 수 없는 문제들도 많이 있다. 기본서를 적어도 5번 이상은 정독해야지만 구석진 곳의 문제까지도 내 것으로 만들 수 있다. 공인중개사 1차 시험을 준비하면서 몸이 기억하고 있던 습관들이 2차 시험을 준비하면서 그대로 이어졌다. 정해놓은 공부 시간에는 무조건 엉덩이를 붙이고 공부를 하는 나의 모습이 익숙했다. 오히려 공부하지 않는 모습이 어색했다.

두뇌 회전이 잘되어 공부하는 모든 내용이 머릿속에 꼬박꼬박 저장되는 것도 좋지만 꾸준히 엉덩이 붙이고 공부하는 습관이 중요하다. 엉덩이가 무거운 사람이 합격에 더 유리하다는 말이 나오는 것도 이런 맥락이 아닐지 생각한다. 공인중개사 2차 시험에 꼭 합격해야겠다는 나의 목표는 작은 습관들이 모여 일상을 변화시켰다. 작은 습관의 변화로 꿈꿀 수 있는 삶이 즐거웠다. 오랜만에 느껴보는 성취감은 삶의 활력을 불어넣었다. 공인중개사 자격증 취득을 위한 공부 습관은 많은 것들을 변화시켰다. 생각의 변화, 삶을 향한 시선의 변화, 또다시 꿈꾸는 일상의 변화들. 공부를 하면서 수많은 유혹과 마주한다. 공부를 포기하고 싶은 순간들도 찾아온다. 걱정과 두려움, 불안은 늘 함께 한다. 공부하며 인간관계의 필요성과 중요성에 대해서도 다른 시선을 만났다. 공부 하나 했을 뿐인데 새로운 것들을 매일 만난다. 공인중개사 시험을 준비하면서 내 마음은 타인이 아닌 내가 지배해야 하는 것을 알았다. 타인의 말에 따르는 것이 아니라 내 말에 움직여야 한다는 것을. '어떤 행동도 의미 없는 행동이 없다'라는 말이 있다. 손가락 하나를 움직여도 모두 의미가 있고 움직인 이유가 있다. 누군가의 손가락은 글을 쓰기 위해 자판 위에 있고. 누군가의 손가락은 요리하기 위해 재료를 손질하고 있고. 누군가의 손가락은 재미있는 TV 프로그램을 보기 위해 리모컨을 누르고 있을 수도 있다. 이렇게 손가락이 움직이는 이유는 다르지만 다들 저마다 의미를 가지고 행동하고 있다.

다른 세계는 당신의 마음에 있다

걱정이 일을 만든다. 아무리 자기 단속을 잘하고 조심히 행동해도 남들이 이러쿵저러쿵 헐뜯는 것은 막을 수 없다. 우리는 악함을 위해 살기보다 선함과 사랑을 위해 사는 존재다. 정도의 차이만 있을 뿐 누구나 심리적인 결점뿐 아니라 신체적인 결함으로 고통받고 있으며 그중 어떤 사람은 우리가 상상하지도 못한 방식으로 삶의 어려움을 이겨나가고 있음을 말이다. 공인중개사 입문 동영상 강의를 모두 듣고 초급으로 들어갈 준비를 했다. 고득점을 받을 수 있는 확률이 높은 중개사법에 큰 비중을 두었고, 그다음 공법이었다. 공법은 12월 입문 강의에서부터 다음 해 10월 시험을 치기 직전까지 꾸준히 공부해야지만 목표한 평균 60점을 받을 수 있다. 공시법과 세법은 중개사법이 어느 정도 틀이 잡힐 5월부터 집중해서 공부를 이어 나기로 했다. 공인중개사 동영상 강의도 나의 공부 스타일에 맞는 강의를 선택했다. 무료 동영상 강의 사이트라도 한 과목에 2~3명의 교수님이 강의하고 계셔서 처음 시작할 때 여러 명의 교수님 강의를 들어보고 나에게 잘 맞는 강의를 선택했다. 공인중개사 공부를 효율적으로 하는 하나의 방법이었다. 첫 선택 동영상 강의가 나와 맞지 않아 중간에 다른 강의를 들어 보니 훨씬 이해하기도 쉬웠고, 나의 공부 패턴과도 잘 맞았다.

결혼하고 처음 명절을 마주했던 나는 어색한 하루를 보냈다. 무엇을 해야 할지 몰랐다. 할 일은 없지만 가만히 의자에 앉아 있을 수는 없었다. 일거리를 찾아 주방을 서성거렸고, 어른들이 움직이면 그 뒤를 따라야 했다. 우리 집에 처음 방문한 손님 역시 그 어색함 속에 앉아 있다고 생각했다. 나와 달랐던 건 누군가의 배려라는 울타리 속에서 보호를 받고 있다는 사실이었다. 밀려 있던 설거지와 전이 담겼던 그릇들을 정리하고 잠시 소파에 앉아 한숨 돌리고 있을 때 나의 시선에 그들의 배려가 보였다. 불편함과 어색함은 나의 세계였다. 여전히 난 명절의 풍경이 어색했다. 그들은 누구와도 자연스럽게 이야기를 나누었다. 불편한 사람은 나였다. 당황한 사람도 나였다. 불편함, 안쓰러움, 벗어나고 싶은 마음, 이해받고 싶은 마음들은 나의 것이었다. 그들의 것이 아니었다. 시간은 흘러갔고, 주부의 삶에서 조금씩 벗어나기 시작했다.

사람들이 하나둘 사라지면 연필을 들었다. 공부를 시작했다. 공법 기출 문제를 풀고 채점하고, 중개사법 기출 문제를 풀고 채점하고를 반복하면서 서운했던 마음, 부러웠던 마음, 이해받고 싶은 마음들이 흐릿해지기를 기다렸다. 우리 집에 온 손님 중 한 명은 이번에 진급 시험 준비를 하고 있다며 일찍 집으로 돌아갔다. 중요한 시험이기에 연휴에도 독서실에 가 공부를 해야 한다고 말했다. 사람들은 배려를 그들에게 건넸다. 모두 그의 시험을 응원했다. 나 역시도 응원의 말들을 전했다.

문제 속에서 그냥 살자

입춘이 지나고 경칩을 기다리고 있는 봄의 문턱에서도 어김없이 나의 공부는 진행 중이었다. 베란다 창가로 보이는 마른 가지 사이로 피어오른 노란색 꽃을 보니 봄이 왔다고 생각했다. 공인중개사 기초 강의가 거의 끝나가고 중급 단계로 넘어가기 위한 기초 다지기 중이었다. 봄이 찾아오는 소식은 베란다 창가로 보이는 꽃들과 달력에 쓰여 있는 절기에 서나, 확인할 수 있었다. 시험을 준비하는 수험생에게는 계절의 변화를 느낀다는 것은 사치라고 생각했다. 달달한 믹스커피 한잔을 위로 삼아 중개사법 과태료 부분과 벌금 부분을 정리하고, 공법의 수립권자, 결정권자, 지정 절차 등을 외우기 시작했다. 2차 과목은 이해력보다는 암기력을 더 필요로 하는 과목들이 대부분이었다. '오늘 아침에는 뭐 먹지?' '오늘 저녁 반찬은 뭐하지?' '내일 아침은 뭐 먹지?' 매일 반찬 걱정만 하던 하루가 국가사업을 진행하는 결정권자들을 암기하기 위해 애쓰고 있었다. 달라진 일상이 그리 싫지는 않았다. 생동감이 좋았다. 무언가를 열심히 하고 있다는 현실이 하루를 잘 살아내고 있는 것만 같아 즐거웠다. 그렇다고 좋은 것만 마주할 수 있는 일상은 아니었다. 식탁 위에 올라오는 반찬들은 3~4일이 지난 반찬들이 대부분이었고 국과 찌개도 2~3일은 기본으로 올려놓기 일쑤였다.

최대한 주변의 시선에 신경 쓰지 않기 위해 노력했다. 사람들의 말들은 귀에 담지 않고 흘려보냈다. 아이들이 어린이집에서 하원하면 습관적으로 놀이터로 달려갔다. 당연한 아이들의 습관이라 나도 놀이터로 향했다. 하지만 자격증 시험을 시작하고 놀이터로 향하는 발걸음은 줄어 들었다. 자연스럽게 놀이터에서 만나던 엄마들과도 연락이 뜸해졌고 만남의 기회도 사라졌다. "아이들은 놀이터에서 뛰어 놀아야 하는데 엄마 욕심으로 놀지도 못하고" 귓속으로 달려드는 이야기에 마음이 쿵 했다. 엄마의 삶이 물끄러미 나를 바라보고 있었다. 엄마의 삶도 나의 것임을 잠시 잊고 지냈다.

수험생의 삶을 자주 살아냈다. 아이들의 놀 권리를 방해하고 있다는 말이 엄마의 삶을 불러 세웠다. 하원 한 아이들에게 놀이터에 나가 놀고 싶냐고 물었다. 수험생의 삶을 조금 내려놓고 엄마의 삶을 살아보기 위해서였다. 아이들은 집으로 가고 싶다고 말했다. 신비아파트가 보고 싶어서라고. 집으로 향하는 아이들 발걸음이 재촉한다. 좋아하는 만화가 끝나기 전에 얼른 집에 도착해야 한다는 아이들 의지가 보였다. 아이들은 놀이터보다 집에서 만화를 보는 것을 원했다. 신비아파트가 하지 않는 날이면 가끔 놀이터에서 놀다 집으로 들어갔다.

주위의 소음들에 자주 마음이 덜컹거린다. 누구누구가 한 말이라고 전해지는 소음들이 일상을 흔들어 버리는 경우가 많다. 문제를 던지면 그 문제에 답을 찾고자 나는 방황한다. 가끔은 답을 찾아내지만 때때로 답을 찾지 못할 때도 있다. 여러 번 문제 속에서 살다 보니 안 되는 문제를 잡고 있다고 해결될 일은 아니다. 답이 없으면 없는 대로 살아 내야 하는 게 인생이다. 모든 인생에서 답을 찾을 수 있다는 오만한 생각에서 벗어나기 위해 더 이상 답은 신경 쓰지 않기로 했다. 그 문제들 속에서 그냥 살아가기로 했다. 풀지 못하는 문제에서 벗어나는 나만의 습관이다. 상대방이 불편함을 느껴 잔소리한다면 그냥 받아들였다. 상대방의 불편을 해소해 줄 수 있다면 해소해 주기도 했다. 불가능한 것은 불가능으로 내버려두었다. 주위 사람들이 생각하는 이기적인 엄마도 이해시키려고 하지 않았다. 놀이터에 가고 싶은 날은 놀이터로. 집으로 가고 싶은 날은 집으로 갔다. 상대방이 어떻게 생각하느냐는 중요하지 않았다. 아이들이 어떻게 하고 싶은지가 더 중요했다. 풀리지 않는 문제를 끙끙거리며 가져가지 않았다. 인생에

서도. 자격증 시험에서도. 답은 예기치 못한 곳에서 문득 찾아오기도

하니깐.

오늘도 애쓴다

대구의 봄은 여느 다른 지역보다 따뜻함을 준다. 곧 무더운 여름이 올 거라고 경고라도 하듯 대구의 봄은 겉옷을 벗게 하고 긴 옷소매를 걷게 한다. 평소에 열이 많은 첫째 딸아이는 벌써 이마에 땀이 송골송골 맺다 보니 반팔 티를 입겠다고 매일 아침 나와 전쟁을 치르곤 했다. 그렇게 매일 눈물과 콧물 범벅이 된 얼굴로 어린이집 등원 차량에 오르다 보면 아이 친구 엄마들의 안쓰러운 눈빛과 자기들만의 육아 비결을 나에게 알려 준다. "나 같으면 그냥 어린이집 가지 말라고 내버려둬요." "나 같으면 그냥 입고 싶은 거 입고 가라고 해요. "나 같으면 다시는 그러지 못하게 버릇을 고쳐 놓아요" "엄마가 너무 다 받아줘서 그래요." "단호하게 안 되는 건 안 된다고 말해요" 엄마들의 육아 방식은 모두 다르다. 각자의 육아 가치관이 있다. 저마다의 이야기를 듣다 보면 아침부터 힘이 빠진다. 아이와 한바탕 하면서 모든 에너지가 소모된 상태이기에 더 그럴지도 모른다. 사람들의 말을 흘려듣기도 버거운 날이 있다. 모든 일들이 꼬일 대로 꼬인 날이 그렇다. 아이도, 남편도 내 맘 같지 않은 날이 있다. 그런 날 들리는 말들은 무겁고 아프다. 집으로 돌아와 어질러진 집을 정리하고 공인중개사 2차 공부를 위한 동영상 강의를 듣기 위해 거실 책상에 앉았다. 잠시 안드로메다에 갔던 정신을 불러 세우고 공부를 시작했다. 흘러보냈다고 생각했던 말들이 감정선을 쿡쿡 찔렀다.

그냥 흘러갔으면 좋았을 텐데. 갑자기 머릿속을 가득 채운 사람들의 말들이 공부를 방해했다. 시간은 없고 동영상 강의는 들어야 하고 머릿속은 딴생각들로 가득 찼다. 더 이상 공법과 주택법 내용들이 들어갈 자리가 없었다. 눈과 귀로만 동영상을 보고 듣고 있었다. 아이가 하원하고 집으로 돌아올 때까지 불편한 감정선이 이어졌다. 불편한 감정의 원인이 아이 때문이라고 생각했다. 불편한 감정은 너 때문이야. 아이를 향하는 시선은 정당하지 않았다. 감정이 쌓인 말들이 표정으로 행동으로 아이에게 향했다. 사소한 아이의 행동에도 덜커덩거렸다.

남의 시선에 신경 쓰고, 남의 사소한 말에 상처를 받고, 남의 의미 없는 행동에 불안해하지 말자고 수없이 다짐하던 나였다. 나의 불편한 감정을 그대로 받아 낸 아이는 그날 밤 열이 났다. 아이의 행동, 사람들의 말, 그로 인해 공부를 제대로 하지 못한 나, 하원을 하고 집에 돌아온 아이에게 이유 없이 소리 지르는 나, 무거운 표정을 받아내는 아이의 모습이 스쳐 지나갔다. 쥐구멍이 있으면 숨고 싶을 만큼 부끄러웠다. 나의 불편한 감정을 아이들에게 고스란히 쏟아냈던 나, 남의 말에 신경 쓸 필요 없다고 그렇게 다짐했는데 또다시 흔들렸던 나, 다가오는 공인중개사 2차 시험에 대한 불안에 집착하는 나. 빈틈없이 계획된 공부 시간과 소홀히 할 수 없었던 육아와 집안일들, 공인중개사 공부를 시작하면서 동네 엄마들과의 수다도 사라졌다. 풀어낼 수 없는 불만들을 가득 안고 살았다. 잠시 멈춤이 필요한 순간이었다. 열이 나는 아이를 데리고 소아과에 갔다. 아이는 장염으로 인해 열이 난다는 의사의 진단을 받았다. 약국에 들러 약을 받아 집으로 돌아왔다. 힘이 없는 아이의 모습을 보고 있으니, 공부고 뭐고 다 필요 없다는 생각이 들었다. 지금은 아이가 씩씩하게 뛰어노는 모습이 제일 보고 싶었다. 아침을 제대로 먹지 못한 아이에게 따뜻한 보리차와 바나나를 먹을 수 있게 해 주었다. 약국에서 받아온 약도 먹였다. 지친 아이는 잠이 들었다. 잠든 아이 옆에서 조용히 공부를 시작했다. 4월은 심화 학습을 시작하면서 학원의 모의고사도 시작이다. 아직은 모의고사를 볼 실력이 되지 않았기에 모의고사는 심화 학습이 모두 끝나는 5월 말이나 6월 초에 볼 계획이다. 장염으로 아파 잠든 아이 옆에서 포기할 수 없었던 나의 공부였다.

공인중개사 2차 심화 학습 동영상 강의를 어느 정도 끝내고 학원에서 실시하는 모의고사 응시를 시작했다. 1차 시험 준비 때 구매해 둔 레이저 프린터로 3월부터 각 학원에서 응시할 수 있었던 모의고사 시험지를 모두 인쇄했다. 공인중개사 2차 시험은 1교시 2교시로 나누어진다. 1교시는 중개사법 40문제와 공법 40문제 총 80문제를 100분 동안 풀고, 2교시는 공시법과 세법 총 40문제를 50분 동안 푼다. 공인중개사 시험은 시간이 촉박하므로 시간 배분에 있어서 많은 연습이 필요하다. 시험 당일 느끼는 압박감과 예기치 못한 시험장 안의 소음으로 1년 동안 준비했던 시험을 제대로 보지 못할 수 있는 경우들도 왕왕 있다. 여러 문제를 풀면서 대비하지 않으면 안 된다. 1차 시험 때와 동일하게 기출 문제는 공인중개사 기출 문제 앱을 통해 문제 유형에 익숙해지도록 연습했다. 3월부터 밀려 있던 각 학원에서 실시한 모의고사를 모두 인쇄해 문제를 풀었다. 열심히 달려온 나에게 보상을 해주듯 모의고사 성적은 매번 합격점을 넘었다. 모의고사를 풀고 바로 모의고사 문제 풀이 동영상 강의도 함께 보았다. 틀린 문제는 왜 틀렸는지 다시 한번 기본서로 보고 중복으로 출제되는 부분은 중요도가 높다고 생각했기에 그 부분은 확실히 내 것으로 만들려고 노력했다. 그렇게 나의 공부는 순탄하게 잘 진행되고 있었다.

"운전면허증 없이 공인중개사가 가능하겠어?" "요즘 부동산 중개소들 월세도 못 낸다고 하던데?" 친구의 말이 전화기를 통해 달려들었다. 친구는 마흔을 바라보고 있는 내가 아이들 키우고, 살림하는 것도 바쁜데 공부한다는 것에 응원 반 걱정 반인 말들을 늘어놓았다. 나역시 공인중개사 시험을 준비하면서 운전면허증이 없는 것 때문에 이 시험에 도전할까 하지 않을까 많이 고민했었다. 공인중개사 자격증을 취득한다고 해도 나는 당장 부동산 중개 사무실을 오픈할 계획은 없었다. 운전면허증은 필요하면 취득하면 되는 것이고 부동산 월세를 못 내는 부동산 중개소가 아닌 손님들로 붐비는 부동산 중개 사무실을 만들면 되는 것이었다. 몇 달 전의 나였으면 친구의 말에 서운해했을 거고 그날 나의 공부는 휴업을 선언했을 것이다. 시험이 끝을 향해 달려가고 있는 동시에 나 자신도 성장해 가고 있었다. 타인의 시선보다 나의 미래를 생각했다. 공인중개사 자격증을 받고 당당하게 서 있는 나, 부동산 투자로 매달 내 통장으로 월세가 찍히는 나, 글을 쓰고 있는 나를 생각했다. 미래의 모습을 상상하고 있으면 나를 괴롭혔던 타인의 시선도, 불안한 마음도 흐릿해졌다. 지금 다시 시작해도 절대 늦지 않는다. 무언가를 절실하게 깨닫고 다시 시작하는 그때가 가장 빠를 때다.

시간을 줍는 습관

　시간을 주우며 준비했던 시험이 드디어 끝이 났다. 공인중개사 시험을 준비하면서 부족했던 시간을 줍는 습관은 여전히 나와 함께 하고 있다. 부족한 건 시간이 아니라 마음이었다. 시작하고자 하는 마음, 꿈꾸는 마음, 변화하고 싶은 마음. 부족한 마음을 채우며 흩어진 시간을 만났다. 시험의 떨림은 상상 이상이었다. 답안지 작성 실수로 시간을 허비했다. 사람들의 숨소리마저 소음으로 다가왔다. 답안지를 제출하고 교실 밖으로 나오는 순간까지 떨림은 이어졌다. 계산기와 필통을 책상 위에 올려둔 채 시험장을 나왔다. 한참이나 잊고 있다가 일주일이 지나고 서야 두고 온 사실을 알았다. 공인중개사 2차 시험만 응시하는 수험생은 오후 12시 30분까지 시험장에 간다. 1차 시험은 아침 일찍 움직였지만 2차 시험 날은 점심을 간단히 먹고 시험장으로 출발했다. 2차 시험 1교시의 경우에는 중개사법, 공법 시험을. 2교시의 경우에는 공시법, 세법 시험을 본다. 1교시는 중개사법과 공법 100분, 2교시 공시법과 세법 50분의 시간 동안 문제를 풀면 된다. 모의고사를 풀 때 적어도 10분 정도의 여유 시간이 남도록 연습을 해두는 것이 좋다. 검토와 표시의 시간은 물론 현장의 긴장감으로 인해 예기치 못한 상황에 대비하는 거다. 아리송한 답은 일단 넘어가야 한다.

함께 시험을 본 수험생분은 시간 배분에 실패했다. 답안지에 답을 모두 적어내지 못하고 제출했다. 책상에 엎드려 허무한 한숨만을 내쉬었다. 일 년 동안 준비한 시험이었다. 그 시험을 망쳐버린 수험생들은 허기진 얼굴로 교실 밖으로 향했다. 구겨진 얼굴 사이로 그늘이 졌다.

목표를 설정하고 목표를 향해 쉼 없이 연필을 들었다. 자주 원망하고 자책하기도 했다. 미워하다가도 사랑했다. 체념하다가도 미련이 남았다. 고집스러운 일상을 놓지 않으려고 애쓰고 애쓰며 만났다. 합격이라는 결과를. 포기하고 싶은 순간들은 매일 있었다. 그럴 때마다 내가 얼마나 원하고 있는 것에 대해 생각했다. 그 간절함이 작은 습관들을 만들었고 그 작은 습관들이 나의 변화를 도왔다. 시험을 준비하면서 매번 시간 부족을 갈망했다. 시간은 항상 내 옆에 있었다. 그저 내가 알지 못했을 뿐이라는 걸. 시간을 줍는 습관이 가르쳐 주었다.

공인중개사 공부를 시작하면서 많은 것들이 달라졌다. 일상이 변했고, 생각이 달라졌고, 시간의 다양함을 마주했다.

습관은 작은 변화의 시작이다. 처음은 아무런 일이 일어나지 않을지도 모른다. 반복은 소소한 습관들을 만들고, 그 작은 습관들은 소소한 기적들을 만나기도 한다.

현대인의 생산성 고양의 방법론

-신동석, 황상열, 김미옥의 글쓰기

김지연(rainbowings@nate.com)

1. 삶의 생산성 문제

시간을 유용하게 쓰는 방법은 생산성을 극대화하는 것이다. 자신에게 발전적인 것이 무엇인지 파악하고 잠재력을 활용하여 가치 있는 결과물을 생성하는 것은 인간의 행복과 자아실현을 완성하는 근간이 된다. 각기 다른 삶을 살지만 생산성을 추구한다는 일치된 목표를 가진 세 작가의 삶은 목표와 방향 설정에 어려움을 겪는 독자들에게 명징한 이정표를 제시할 것이다.

자신의 관심사가 무엇인지 파악하는 것은 중요하다. 그리고 자신의 잠재력을 이끌어낼 수 있도록 의식적인 노력이 따라야 한다. 생산성 증대를 위하여 관심사는 긍정적인 것이어야 하며 그에 대한 결과물을 이끌기 위해서는 습관이라는 행위가 요구된다. 습관은 정형화된 행동 양식으로 반복을 통해 완성된다. 인간은 어떤 습관을 소유하느냐에 따라 미래가 바뀐다. 습관은 모든 결과의 원인으로 작용하기 때문이다.

2. 감정조절을 제안하는 신동석

신동석 작가는 20년 경력의 애견훈련사이다. 한가지 직업에 오랜 경력을 쌓은 비결은 습관에 있다고 밝히고 있다. 이는 그가 좋은 애견훈련사가 되기 위하여 노력해 왔다는 것을 증언하는 것이며, 직업에 대한 열정을 확인할 수 있는 부분이다. 작가는 '마음의 안정과 반복의 힘을 믿어야 한다'고 강조하고 있다. 그는 전문가가 되기 위한 기본 요건으로 감정 훈련과 중심 잡기를 꼽는다. 그가 고객으로부터 받는 인내심에 관한 칭찬은 노력으로 이루어진 것이다. 작가는 감정에 휘둘리지 않는 루틴을 통해 스스로를 단련한다.

작가는 거창한 다짐보다도 매일 '5분' '10분'씩 반복한 행동이 중요하다고 강조한다. 이는 바로 '책임감'을 기반으로 이루어진 것이다. 작가가 반복의 힘을 책임감에서 찾았다는 것은 흥미로운 점이다. 의지는 오래가지 못하니 습관이 되지 않으면 포기하게 되는 원리를 설명하면서 습관이 중요하다고 환기한다. 이는 결과물을 보지 못하고 중도에 포기하는 경우도 의지의 결여라기 보다는 습관의 불완전함 때문임을 유추하게 한다.

작가의 글에서 주목할 점은 '감정조절'의 양식이다. 작가는 감정은 억누르는 것이 아니라 '읽고 인정하고 나만의 방식으로 표현하는 것'으로 제시한다. 이와 같은 감정의 제어는 스스로 책정한 행동 양식을 습관화하는데 유용하다. 작가는 모든 낯선 것들을 익숙한 것으로 만드는 것이 반복임을 재차 강조한다. 즉, 여기서 과제는 '인간은 무엇을 반복할 것인가?'에 대한 구체적인 행동양식이 되겠다. 작가는 '감정조절'과 '10분의 반복'이라고 제시한 것이다. '반복을 통해 나 자신을 다스릴 수 있게 되었다'는 작가의 메시지는 휘몰아치는 감정에 힘들어하는 독자에게 큰 도움이 될 것이다.

작가는 거창한 결심은 오래가지 못한다고 말한다. 이는 우리에게 필요한 것은 사소하고 반복적인 노력임을 환기한다. 그것은 간단해서 사람을 지치지 않게 하기 때문이다. 또한 나란 존재가 타자로부터 '습관'의 대상물이 될 수 있음을 환기하여 나의 행동양식이 타자에게 끼치는 영향력을 설파하였다. 이러한 작가의 가치관은 그가 한 자리에서 전문가로 거듭날 수 있는 이유로 볼 수 있겠다.

3. 글쓰기 루틴을 제안하는 황상열

황상열 작가는 도시계획 엔지니어라는 한 길을 걸어왔다. 그는 현재까지 11년 째 꾸준한 글쓰기를 진행해 온 작가로 여러 저서를 출간한 바 있다. 그의 최근작 『거리를 두었다니 마음이 가까워졌다』에서는 중년의 인간관계에 관한 관조적인 시선을 던짐으로써 마음의 평정이란 무엇인가 대한 구체적인 해법을 소구하였다. 작가는 글쓰기를 통해 자신의 내적 에너지를 비축하고 보다 더 나은 삶을 이끌어가는 방법론을 제시하였다.

글쓰기는 생산적인 삶을 위한 원동력이 된다. 작가는 글쓰기를 어떻게 습관하고 동력으로 전환하는 구체적인 방법을 제시한다. 그가 제시하는 글쓰기 루틴은 초보도 따라하기 쉬운 방법으로 구성되어 있다.

작가는 루틴을 감정이나 상황에 관계없이 행하는 것으로 설명한다. 감정을 배제한 규칙성은 일관성을 함의함으로써 힘들고 어려운 상황에서도 해결법을 모색하게 해 준다. 중요한 것은 '기본'이지 '기분'이 아니라는 작가의 메시지는 흥미롭다. 매일 매일 반복하는 것만으로도 엄청난 성공이 따르게 됨을 작가는 환기하고 있다.

작가는 글쓰기 덕분에 지친 일상에서 힘을 얻었다고 한다. 또한 하루 10분 독서의 효용성도 강조한다. 작가는 자신의 목표에 냉소를 날

리는 주변인보다 응원해줄 수 있는 사람을 가까이애햐야 한다고 강
조한다. 인간의 타자의 영향력에서 자유로울 수 없기에 삶의 생산성
을 높이기 위해서는 인간관계의 중요성을 환기한 것이다.

4. 일상의 용기를 제안하는 김미옥

김미옥 작가는 남편과 아이가 있다. 작가는 가정에서 어머니와 아
내로서의 역할을 충실히 해 나간다. 주목할 점은 작가는 자기 계발에
집중하는 점이다. 현대를 살아가는 여성으로서 자아정체성을 어머니
와 아내에 국한하지 않고 자기 완성에 성공한 작가의 행보는 귀감이
된다. 작가의 첫 저서 『돈이 돈을 부르는 전업주부 재테크』에서는
재테크에 대한 구체적인 방법론을 제시하였다. 실제 작가가 경험한
내용을 바탕으로 현실적인 조언을 서술한 것이다.

이 책에서는 작가가 결혼 이후에 도전한 공인중개사 시험에 합격
한 과정을 기술하였다. 여자는 결혼 이후에 엄마가 되면서 삶의 관점
이 보다 더 넓어진다. 보다 전략적으로 삶을 통찰하고 유익한 방법론
을 찾는데 성공하는데, 김미옥 작가는 그에 관한 대표적인 예시이다.

첫 작품에서도 그랬듯 작가는 자신이 시도하는 자기계발과 관련하
여 주변 사람들의 잡담에 방해를 받는다. 재테크에 도전하여 성공을
거두었음에도 주변인으로부터 부정적인 말을 들어야 했으며, 공인중

개사 시험에 합격을 했음에도 시험 준비 과정에서 부정적인 의견과 마주해야 했다. 흥미로운 점은, 작가는 열린 마음으로 주변인들의 말을 경청하되 흔들리지 않고 자신의 소신을 지켜나간 점이다. 따라서 작가는 재테크에서도 성과를 올리고 공인중개사 시험에도 최종 합격하였다. 공인중개사 시험 준비하는 과정에서 체득한 지식은 평생 도움이 되는 자양분으로 기능할 것임이 자명하다.

작가는 '용기'가 중요하다고 강조한다. 많은 이들이 주어진 시간을 그저 흘려보내고 있다. 무의미하고 소비적인 행위로 시간을 낭비하여 결과물을 얻지 못하는 것이다. 자기 자신만을 위한 생산력 증대를 위해서는 자기 자신에 관한 믿음의 토대가 되는 용기가 필요한 것이다.

'살림 살고 아이 키우느라 시간 다 보냈다'라는 푸념 하에 자기 자신의 위한 삶을 설계하고 있지 못하도 있다면 꼭 재고해 보길 바란다. 김미옥 작가는 기혼 여성들에게 그리고 어머니들에게 자신만의 생산성을 강화하는 멘탈 관리 방법과 경험에 의거한 성취를 드러내보인다. 작가는 '시간을 줍는 습관'으로 시험을 준비했다고 밝히고 있다.

5. 좋은 습관은 결과물을 만든다

생산성이 높은 일에는 감정의 소비가 따르지 않는다. 불필요한 일로 결과물을 내지 못하고 시간을 흘려보내는 일상의 무의미함을 환기하였다. 노력하지 않는 것, 관심사가 무엇인지 모르는 것, 자신의 일을 포기하는 것은 결코 미덕이 아니다. 놀랍게도 노력하는 사람을 지탄하는 세태는 분명 존재한다. 그러나 멈춰 있는 사람을 보고 안도해서는 안 된다. 일상 대화에서 자랑은 지탄받기 쉬우니 타인으로부터 생산성 있는 이야기를 듣기가 쉽지 않다. 겸손함을 껍데기 삼아 무의미한 이야기에 공감하며 그에 안주하는 것은 지양해야 한다. 따라서 공감대를 넘어 보고 배울 수 있는 이야기는 모두 책에 있다. 그것이 우리가 독서를 해야 할 이유다.

매일, 매달, 매년 크고 작은 목표를 설정해두고 그에 맞는 노력을 설계해 본다. 그러한 행위의 반복이 습관이 되는 것이다.

무가치한 것, 불필요한 것, 잉여적인 것, 무의미한 것은 루틴이 되지 못한다. 규칙성을 전제로 하는 루틴을 반복을 통해 견고해지고 자신이 소망한 성취에 근접하게 한다. 좋은 루틴은 인생을 정체되게 하지 않는다. 반복하지 않는 것은 나의 것이 될 수 없음을 명심하고 사소하고 작은 습관목록을 만들어 자신의 삶을 구성해가는 것은 매우 중요한 것임에 틀림없다.

오늘 기분이 어떻든 습관대로 산다

초판 1쇄 발행 | 2025년 11월 10일

지은이 | 신동석, 황상열, 김미옥
펴낸이 | 김지연
펴낸곳 | 마음세상

출판등록 | 제406-2011-000024호 (2011년 3월 7일)

ISBN | 979-11-5636-648-5 (03810)

원고투고 | maumsesang2@nate.com
블로그 | blog.naver.com/maumsesang

* 값 18,000원